KB077049

그때 이렇게
화냈어야 했는데!

The Right Way to Get Angry

적재적소에 전략적으로 화내는 33가지 방법

그때 이렇게
화냈어야 했는데!

가타다 다마미 지음 | 김정환 옮김

센시오

한 번뿐인 인생,
손해 보는 일 없이 전략적으로 화내기

　'그때 이렇게 화냈어야 했는데!' 하고 생각한 적이 있는가? 이미 지나간 일이지만 아무 말도 하지 못했던 그때의 자신을 탓하며 속상했던 때가 누구나 있을 것이다. 좋은 게 좋은 거라고 어떤 상황에서든 화내지 않으려고 하는 사람이 많다. '화내는 것을 나쁜 행동'이라고 믿고 화내지 않는 '좋은 사람'이 되고자, 화가 치밀어 올라도 없었던 감정으로 만들려고 한다면 크게 잘못하고 있는 것이다.

　감정을 느끼는 그대로 표현하는 사람은 '금방 감정적이 된다'든가 '어른스럽지 못하다.'라는 질책과 비난을 받는 경향이 있다. 만약 당신이 여성이라면 히스테리를 부린다는 험담을 들을 때도 있을 것이다. 이런 주위 사람들의 평가에 직면하면 타인의 눈을 신경 쓰는 사람일수록 화났을 때 감정을 표현하기 어렵다.

화낼 만한 일에 화내는 건 평범한 사람으로서는 당연한 일이다. 하루에도 몇 번씩 자연스럽게 끓어오르는 화라는 감정은 자신의 앞을 무엇인가, 혹은 누군가가 가로막고 있어서 일이 제대로 풀리지 않을 때 생겨난다. 특히 '나는 지금 문제를 안고 있다.'라고 알려주는 중요한 경고 신호다.

정신과 의사인 나는 매일 수많은 환자를 진찰하고 있는데, 오랜 임상 경험을 바탕으로 진찰실을 찾아오는 환자에게 공통된 특징이 있음을 깨달았다. 마음속에서는 화를 느끼고 있으면서 마치 그런 감정을 품고 있지 않다는 듯이 '좋은 사람'으로 행동한다는 것이다. 그리고 어째서인지 그런 '좋은 사람'은 계속해서 무리한 요구를 받게 된다. 요컨대 어떤 때라도 화내지 않는 '좋은 사람'이 되고자 화를 꾹꾹 억누른 탓에 점점 더 많은 과제를 끌어안게 되고, 이 때문에 고민하다 결국 몸과 마음에 이상 증상이 나타나는 것이다.

'좋은 사람'이고자 하는 것이 마이너스로 작용하는 경우도 적지 않다. 그런 사람을 많이 진찰해 왔기에 나는 갈등이나 고뇌의 대부분이 '마음속에서는 화라는 감정을 느끼면서도 그것을 겉으로 드러내기는커녕 마치 그런 것은 없다는 듯이 자신을 속이고 억누르기' 때문에 생겨난다고 믿게 되었다.

화를 계속해서 꾹꾹 억누르다 보면 걷잡을 수 없이 큰 분노가되어 폭발할 수 있다. 이렇게 갑자기 폭발하게 되면 상대뿐만 아니라 자신에게도 당황스러운 일이 된다. 쌓아둔 분노를 폭발하기 전에 적절하게 화를 드러낼 수 있다면 '화내서는 안 돼.'라는 중압감에 짓눌리거나 고민하는 일도 사라지지 않을까 하는 생각이 들었다. 특히 이렇게 화를 참기만 하는 사람들은 제대로 화낼 줄 모른다. 화내야 할 때 전략적으로 화내서 손해를 보는 일이 없었으면 좋겠다는 마음에 이 책을 쓰게 됐다.

나는 왜
제대로 화내지 못할까?

미움 받기를 두려워하는 사람일수록 화를 참는 경향이 강하다. 화났다는 감정을 겉으로 드러내면 사람들이 나를 싫어하지는 않을까? 나를 무시하지는 않을까? 험담을 하거나 괴롭히지는 않을까? 이런 불안감이 큰 탓에 화를 봉인하려는 것이다. 그래서 별 일이 없다면 다행이지만, 앞에서 이야기했듯이 화라는 것은 '무엇인가 잘 풀리고 있지 않은 것이 있기' 때문에 느끼는 감정이다. 그런 소중한 신호를 제대로 감지하지 못하고 방치하면 늦든 빠르든 몸과 마음의 어딘가에서 일그러진 형태로 나타나기 마련이다.

화라는 감정을 인정하지 못한 채 자신을 속이면서 생활하면 우울증이나 심신증 등의 병으로 발전할 위험성도 있다. 병으로 진행되지 않는다고 해도 자신도 모르게 짜증이 나서 전혀 상관없는 사람에게 분풀이를 하기 쉽다. 그렇게 되면 화를 참았음에도 분위기와 인간관계를 악화시키고 만다.

짜증 vs. 화 vs. 분노
뭐가 어떻게 다르지?

짜증이나 화 역시 지금 상황에서 문제를 느껴서 기분이 좋지 않은 상태를 말한다. 출근 시간에 만원 버스를 탔다고 생각해 보자. 더는 발 디딜 틈조차 없는데, 계속해서 사람들이 타고 있다면 어떨까. 잡고 있던 동그란 손잡이를 다른 사람과 함께 잡게 됐다. 버스에 타는 사람들이 자꾸 내 몸을 치고 지나간다. 생각만 해도 짜증이 난다. 이럴 때 화난다고 하지 않을 것이다. 그런데 만약 옆 사람이 버스가 정차할 때마다 몸을 가누지 못하고 당신을 밀치고 발을 밟는다면? 발을 밟고도 미안하다는 말이 없다면 아마도 화가 치밀지 않을까.

먼저 짜증을 느끼다 그게 화로 발전된다. 짜증은 낮은 단계의 화라고 볼 수 있다. 그렇다면 분노는 어떻게 바라봐야 할까? 가장 높은 단계의 화라고 할 수 있다. 이 책에서는 짜증이 났을 때 대처방법을 담지 않았다. 짜증은 그 상태를 벗어나면 바로 잊을 수 있기 때문이다. 우리가 가장 집중해야 할 것은 화났을 때 전략적으로 화내야 한다는 것이다. 그렇지 않으면 몸과 마음에서 주체하지 못할 정도로 큰 분노가 되어 스스로를 다치게 할 수 있다.

전략적으로 화내면
막힌 인간관계가 풀린다

그렇다면 어떻게 화내야 할까? 화를 느낄 때마다 무작정 그 화를 내라는 말은 아니다. 분노에는 두 가지 종류가 있다. '표현해야 할 분노'와 '표현해도 의미가 없는 분노'다. 화내야 할 때 합당한 방법으로 나타내야 비로소 '분노의 힘'이 당신의 생활을 훨씬 윤택하게 만들어 줄 것이다. 분노를 적절하게 표현해야 할 당위성이 있다. 이를 위해서는 연습과 경험을 쌓아야 한다.

요령만 익힌다면 간단하게, 게다가 자기혐오에 빠지는 일 없이 분노를 표현할 수 있게 된다. 그러면 자신에게 거짓말을 하지 않아도 되고 화내야 할 타이밍을 놓쳐서 울화가 치미는 일도 줄어들고 스트레스도 감소한다.

올바른 타이밍과 방법으로 화를 드러낸다면 그 화는 당신에게 커다란 성공을 가져다줄 것이다. '적절하게 화를 표현함'으로써 '무엇인가 잘 풀리고 있지 않은' 상황을 상대에게 알릴 수 있다. 분노의 에너지가 만들어지는 절박감과 결합시켜 '현재의 상황에 불만 또는 문제가 있음'을 상대에게 깨닫게 할 수 있다면 상대는 이런저런 타협이나 양보를 해 줄 가능성이 커진다.

가급적 풍파를 일으키고 싶지 않아서 화를 겉으로 드러내기를 망설이는 마음은 충분히 이해한다. 하지만 '무엇인가를 얻기 위해서는 소리 내어 항의해야 한다.'라는 원칙을 잊어서는 안 된다. 항의라고 하면 왠지 거칠게 느껴지지만, 꾹 참으면서 잠자코 기다린들 상대가 먼저 당신의 곤란한 상황을 눈치 채고 개선해 줄 가능성은 전혀 없다.

전략적으로
적재적소에 화내는 노하우

현실주의로 유명한 이탈리아의 사상가 마키아벨리Niccoló Machiavelli
는 인간을 통찰하는 힘이 날카로웠다. "인간은 마음속에 자리 잡고
있는 질투심 때문에 칭찬하기보다 헐뜯기를 더 좋아한다."라는 말
을 했는데, 우리에게는 크든 작든 그런 마음이 있다. 억지임을 알
면서도 화날 때가 있는가 하면, 누군가에 의해 피해를 입을 때도
있을 것이다. 이 책은 도덕 교과서가 아니므로 '분노의 바람직한 모
습이란?' 같은 것을 이야기할 생각은 없다. 철두철미하게 현실주의
에 따라 이 사회를 살면서 최대한 이익을 많이 볼 수 있게, 전략적
으로 적재적소에 화내는 33가지 방법에 대해 실었다.

그렇다면 전략적으로 적재적소에 화내는 33가지 방법이란 어떤
것일까? 그것은 자신이 느낀 분노를 적절하게 상대에게 알려서 사
태를 좋은 방향으로 전환시키는 것이다. '화내서는 안 돼.'라는 생
각에 얽매여 화나도 꾹 참기만 하는 사람들에게 특히 그 방법을 전
수하고 싶다. 누구나 실천할 수 있는 구체적인 방법을 제시했다.
이를테면 당신이 몇 달이나 걸려서 준비했던 프로젝트를 뒤엎어서
허공에 날려 버린 상사나, 번거로운 일은 항상 당신에게 떠넘기는

자녀 친구의 엄마, 만날 때마다 무리한 요구를 하는 시어머니에게 분노를 느끼면서도 되받아치지 못하는 사람은 꼭 이 책을 보기 바란다.

분노가 치밀어 오르는데 '순간적인 한마디'가 떠오르지 않아서 아무 말도 못했던 경험이 있는 사람에게도 효과적이다. 특히 나중에 그 상황을 되돌아보며 '그때 화냈어야 했어…….' 하고 아쉬워했던 적이 많은 사람은 이 책을 읽고 자신의 분노를 표현하기에 안성맞춤인 '순간적인 한마디'를 찾아내서 연습하기 바란다.

화를 전략적으로 낼 수 있다면 조금은 더 편하게 세상을 살 수 있다. 이 책을 통해 당신의 인생이 더 나은 방향으로 향하기를 기원한다.

차례

1장   화내지 않는 사람은 손해를 본다

2장 분노의 진짜 원인을 찾지 못하면 매일 화나는 일뿐

3장

화 잘 내는 사람이 일도 잘한다
- 비즈니스 편 -

4장

식구끼린데 화내면 좀 어떠냐고?
- 일상생활 편 -

1장

화내지 않는
사람은
손해를 본다

66

화는 내는 순간 사라진다.
화는 참을 때 더 커진다.

_에밀리 디킨스

99

화내는 데
익숙하지 못한 나

　화났을 때 당신은 어떻게 하는가? 즉시 되받아치는가? 아니면 꾹 참는가? 발끈한 순간 갑자기 폭발해 버리는 사람도 있을지 모른다.

　적절하게 분노를 드러낼 수 있는 사람은 매우 드물며, 대부분은 앞뒤 생각하지 않고 분노를 터트린다. 그래서 '그런 식으로 말하지 말았어야 했는데…….'라고 후회하거나 '이런 걸로 화내다니, 나는 왜 이렇게 속이 좁을까?'라고 자신을 책망하기도 하고, 반대로 아무런 말도 하지 못하고는 나중에 '나는 왜 이렇게 한심할까?'라며 울분을 터트린다.

왜 이렇게 되는 것일까? 그 이유는 화내는 데 익숙하지 않기 때문이다.

화내는 것과
폭발하는 것을 혼동한다면

우리는 어렸을 때부터 자신도 모르는 사이에 "화내서는 안 돼."라는 메시지를 주입받아 온 탓에 온 힘을 다해서 화라는 감정을 마음속에 가두고 억누르려 하는 경향이 있다. 화내는 것은 나쁜 것이라고 믿는 사람이 대부분이지 않을까? '모두가 사이좋게 지내며 싸우지 않는 것이 좋다.'라는 생각에 따라 풍파를 일으키지 않도록 갈등이나 대립을 최대한 피하려고 한다.

그때그때의 자연스러운 감정을 따르는 것이 아니라 감정의 표출이 가져올 리스크를 고려하며 말과 행동의 방향성을 결정하는 사람일수록 '자신의 감정을 컨트롤할 수 있는 냉정하고 이성적인 사람'으로 평가받는다.

한편 화났을 때 바로바로 표현하는 사람은 "금방 감정적이 된다."라든가 "어른스럽지 못하다." 같은 질책과 비난을 받을 때가 많다. 이런 주위 사람들의 평가에 직면하면 타인의 시선을 신경 쓰는 사람일수록 분노를 표명하기를 망설이게 될 수밖에 없다.

또한 화내는 것과 폭발하는 것을 혼동하는 것도 분노를 표현하지 못하는 요인 중 하나다. 분노를 상대에게 적절하게 전하는 것과 순간 격분해서 폭발하는 것은 전혀 다른데, 대부분은 이 둘을 구별하지 못하며 폭발하지 않고 화내려면 어떻게 해야 하는지 알지 못한다.

인생을 행복하게 살기 위해서는 분노와 마주하고 분노를 전략적으로 표현할 수 있어야 한다. '나는 지금 문제를 안고 있다.'고 가르쳐 주는 것이 분노이므로 분노를 해결하면 인생의 문제를 해결할 수 있다.

화내는 것도 기준이 있다
_ 쾌락원칙 vs. 현실원칙 '분노의 양팔저울'

    화를 계속 참으면 몸과 마음의 병으로 발전하거나, 상대방이 요청한 행동 등을 하지 않는 소극적인 행동으로 상대에게 상처를 주는 '수동적 공격'을 하거나, 결국 인내의 한계를 넘겨 폭발해 버리고 만다.

    그렇게 되지 않기 위해서는 화날 때 표현하는 편이 좋은데, 무작정 화낸다고 해서 상황이 개선되지 않는다. 먼저 화를 느꼈다면 어떻게 표현해야 할지 확인할 필요가 있다. 다음 페이지의 그림을 보기 바란다. 이 '분노의 양팔저울'은 화났을 때 당신의 마음속을 표현한 것이다.

쾌락원칙
손해

현실원칙
이익

분노의 양팔저울
화내는 기준

＊ **쾌락원칙:** 고통보다 쾌락을 추구하고 본능적인 충동에 따라 즉각적, 직접적으로 만족을 얻으려고 하는 심리 상태.

＊ **현실원칙:** 현실 생활에 적응하기 위하여 욕구의 충족을 연기하거나 단념하는 심리 상태.

쾌락원칙pleasure principle은 프로이트S.Freud에 의해서 개념이 정립된 정신분석용어로 인간이 쾌감을 추구하고 고통을 회피하며 본능적인 충동에 따라 즉각적, 직접적으로 만족을 얻으려 하는 심리 상태를 가리킨다. 분노를 느낀 그대로 표명함으로써 기분을 푸는 것이다. 한편 현실원칙reality principle은 쾌락원칙과 함께 심리를 지배하는 기본 원칙으로, 현실과의 적합성을 위해 설령 불쾌했더라도 상황에 따라 쾌락원칙을 봉인하고 현실을 따르려 하는 심리 상태를 가리킨다.

겉으로는 쾌락원칙과 현실원칙이 갈등 관계에 있는 것처럼 보이지만, 오히려 더 나은 쾌락 충족을 위해 당장의 쾌락을 포기하고 연기하는 관계로 본다. 분노를 느끼면서도 자신의 손익을 고려해 분노를 표명할지 말지 전략적으로 판단함으로써 가급적 손해를 보지 않도록 하는 것이다.

화를 못 내는 사람들은 상대의 보복에 대한 두려움이나 화를 잘 낸다는 인상을 주고 싶지 않다는 허영심, 분노를 표명하기가 귀찮다는 태만함 등에 얽매인 나머지 자신의 솔직한 기분이나 분노를 드러냈을 때의 손익을 비롯해 아무런 생각도 하지 못하는 경우가 많다. 그리고 그 결과 스트레스만 쌓이게 된다. 이러한 문제를 해결하기 위한 첫걸음은 화났을 때 제대로 표현하는 것이다. 아무것도 안 하면 아무것도 달라지지 않는다.

　다만 주의할 점이 한 가지 있다. 어느 한 원칙에 너무 치우치지 않도록 하는 것이다. 쾌락원칙과 현실원칙이 균형을 이루는 지점을 기준으로 삼기 바란다. 쾌락원칙만을 좇아서 분노를 표명하면 기분은 후련해지겠지만 결국 아무 것도 해결되지 않거나 당장은 해결되더라도 상대에게 원한을 사는 등 자신에 대한 주위 사람들의 평가가 하락하기 때문에 현실적으로 이익이 되지 않는다. 반대로 현실원칙만을 좇아서 항상 분노를 억제하면 문제는 해결되지 않으며 자신도 괴로워진다. 요컨대 쾌락원칙과 현실원칙을 저울질해 균형 잡힌 방법으로 분노를 표명해야 하는 것이다.

　그런 까닭에 이 책에서는 자신의 의지로 피할 수 없는 인간관계 속에서 분노를 표명하는 방법을 주로 전할 것이다. 구체적으로는 당장 관계를 끊을 수는 없는 업무 상대(상사·동료·부하 직원·클라이언트 등), 인연을 끊을 수 없는 가족·친척, 이사를 하지 않는 한 계속 봐야 하는 이웃, 자녀가 같은 학교에 다니는 동안은 줄곧 관계를 유지해야 하는 자녀 친구의 어머니 등이다. 물론 친구와의 사이에 심각한 트러블을 안고 있는 사람도 있을 것이다. 그러나 친구의 경우는 마음만 먹으면 쉽게 멀리할 수 있다. 트러블이 생길 정도의 친구라면 언젠가는 서로 멀어지기 마련이다.

또한 일시적인 관계 속에서 느끼는 짜증은 표현한들 의미가 없다. 앞에서 예를 들었던 것처럼, 버스에서 옆사람에게 발을 밟혔는데 밟은 사람이 모른 척 한다면 대부분의 사람은 당연히 짜증나고 화날 것이다. 그러나 상대에게 화내서 사과를 받아낸들 당신이 얻는 것은 하나도 없다. 오히려 상대를 화나게 해서 괜한 피해를 볼 우려조차 있다.

분노를 표명하면 당장의 화는 풀릴지 모르지만, 단지 그 목적만으로 분노를 표현하는 것은 노력의 측면에서나 효과의 측면에서나 효율적이지 못하다고 생각한다.

당신이 자신의 인생을 중심에 놓고 이익과 손해를 따져봄으로써 전략적으로 적재적소에 화내는 방법을 배웠으면 한다.

분노를 똑바로 보아야 한다

지금 당신이 느끼고 있는 분노가 표명해야 할 분노인지 아닌지 판단했다면 다음에는 어떤 식으로 분노와 마주할지 결정해야 한다. 분노와 정면으로 마주하는 방법도 있고, 기분 전환을 해서 잊어버리는 방법도 있다. 누군가에게 불평을 늘어놓는 방법도 있다, 잠자코 분노가 가라앉기를 기다리는 방법도 있다.

무엇이 가장 좋은 방법일까? 분노를 마주하는 방법은 크게 두 가지로 나눌 수 있다.

A_ 분노라는 감정의 상류(=원인)로 거슬러 올라간다
분노의 원인이 된 상황을 바꿈으로써 문제를 해결하려 한다. 이런 감정을 두 번 다시 느끼지 않도록 하기 위해서다.

B_ 분노라는 감정의 하류(=결과)로 내려간다
분노로 생겨난 마음의 긴장을 누그러뜨리기 위해 상대에게 분노를 표명하는 방법 이외의 다양한 수단에 의지한다.

A와 B 중 어떤 방법이 좋을까? 물론 원인을 해결함으로써 문제를 해결하는 A다. 그리고 이를 위해서는 분노를 전략적으로 표현해야 한다. 당신은 이 책을 통해 A를 마스터하기 바란다.

항상 분노의 원인을 찾아 해결하기는 어렵다. 자신의 몸을 지키려면 B처럼 대증 요법으로 분노를 누그러뜨리는 방법에 의지할 수밖에 없을 경우도 있다. 다만 이것은 일시적인 해결책일 뿐 문제를 해결하지 못한다는 사실만큼은 기억해 두기 바란다. B에 관해서는 5장에서 자세히 이야기하겠다.

전략적으로 화내기 위한 분노의 3단계

"말하기는 쉽지. 하지만 분노를 전략적으로 낼 수 있었다면 내가 이 고생을 하겠어?"

어디선가 이런 호통 소리가 들리는 듯하다. 분명히 우리는 화를 표현하는 데 익숙하지 않다. 아니, 앞에서 이야기했듯이 그런 감정을 품은 자신을 꾸짖고 분노를 가슴속에 억누르는 사람도 많다. 하지만 화날 때 표현하지 않으면 매번 똑같은 일을 당할 때마다 분노가 차곡차곡 쌓이는 악순환이 계속될 뿐이다.

그렇다고 해서 화를 느낄 때마다 말로 되받아칠 수 있는 반사 신경이 좋은 사람이 된다고 문제가 해결되는 것도 아니다 이쪽은 이쪽대로 문제가 있다. 자신은 속이 후련해질지 모르지만 '쉽게 감정적으로 된다.' 같은 부정적인 꼬리표가 붙을 위험성이 있다.

그렇다면 어떻게 해야 할까? 내가 오랜 임상 경험을 통해 발견한 '분노의 3단계'라는 법칙이 있다. 이 3단계를 거치면 사람들에게 "저 사람은 감정적이어서 걸핏하면 화내." 같은 평가를 받지 않고도 누구에게나 자신이 느낀 분노를 명확하게 표현할 수 있게 된다.

1단계: 분노의 자각

화를 부정하지 말고 받아들이기 바란다. 화라는 감정은 사람이라면 누구나 마음속에 존재한다. 당연하다고 생각하며 화와 마주하자. 이것이 분노의 자각이다.

나만 분노를 느낀 순간에 그 감정이 분노임을 자각하지 못하는 사람도 있다. 나중에 곰곰이 생각해 보고서야 '그때 난 화났었구나.'라고 깨닫는 경우인데, 이에 관해서는 2장에서 설명할 테니 참고하기 바란다.

2단계: 분노의 분석

왜 자신이 화났는지를 분석하기 바란다. 분노를 자각한 뒤에 그 분노를 다음의 세 가지로 분류하고 그 가운데 무엇에 해당하는지 생각해 보기 바란다.

① 자존심에 상처를 입었다.

② 자신의 이익을 침해당했다.

③ '서로를 이해하지 못함'을 느꼈다.

분노를 분류하면 자신의 분노를 객관적으로 바라볼 수 있으며 왜 자신이 화났는지 좀 더 자세하게 알 수 있다. 또한 그럴 만한 일도 아닌데 분노에 사로잡혀 미친 듯이 화내는 '분노 몬스터'가 되지 않을 수 있다.

인간에게 자존심은 자신을 긍정하고 자신감 있게 살아가기 위해서는 필요한 것이다. 물론 과도한 자기애narcissism는 자신과 주위 사람들을 괴롭게 만들지만, 적절한 자기애에서 탄생한 자존심은 자신을 소중히 여기며 삶을 사는 데 도움을 준다. 만약 누군가에게 인정받지 못해서 자존심에 상처를 받았다고 생각하면 그때 화난다. 자신의 이익을 침해당했을 때도, 예를 들어 당연히 얻어야 할 것을 얻지 못했을 때도 분노를 느낀다. 상대와 생각이 서로 어긋나서 '서로를 이해하지 못함'을 느낄 때도 화난다.

3단계: 분노의 표명

쾌락원칙과 현실원칙을 저울질해서 화를 낼지 말지 결정하기 바란다. 그래서 화를 표현하기로 결정했다면 자신에게 이익이 될수 있도록 전략적으로 표현하자. 이 '분노의 3단계'를 지키면 누구나 간단하게 분노를 효과적으로 이용할 수 있다.

'서로를 이해한다'는 것은
환상이다

앞에서 언급한 '서로를 이해하지 못함'에 관해 조금 더 자세히 이야기하려 한다. 왜 '서로를 이해하지 못함'이 분노를 낳는 것일까?

인간의 심리를 날카롭게 묘사하는 만화가 요시나가 후미(국내에서 영화화되기도 한 《서양골동양과자점 앤티크》의 작가-옮긴이) 씨는 작가인 미우라 시온(《마호로 역 다다 심부름집》《배를 엮다》의 작가-옮긴이) 씨와 대담을 나눌 때 "서로를 이해할 수 없는 일이 있을 때 그 '상대방을 이해하지 못하겠다.'라는 마음이 제가 만화를 그리는 원동력이 됩니다."라는 말을 했다.

'서로를 이해하지 못함'은 나도 매일 겪는다. 의사로서 환자의 고민이나 고통을 머리로는 이해하지만 완전히 공감하지는 못하기 때문이다. 기껏 진찰을 하고 조언을 해줬는데 환자가 받아들이지 않아서 분노까지는 아니지만 슬퍼질 때도 있다.

　나는 상대를 위해서 한 일인데 상대는 불쾌하게 느꼈던 경험은 누구에게나 있을 것이다. 서로의 생각 차이에서 '내 마음을 이해해 주지 않아.'라며 분노를 느낄 때가 있다. '서로를 이해하지 못하는' 부분은 없다는 생각은 환상에 불과하다. '사람은 반드시 서로를 이해할 수 있다.'고 믿는 사람일수록 자신의 가치관을 상대에게 강요한다. 그런 사람에게 피해를 입지 않도록, 또한 자신도 그런 사람이 되지 않도록 주의하기 바란다.

차곡차곡 쌓아둔 분노를
전략적으로 폭발시킬 때 생기는 일

쾌락원칙에 사로잡혀 현실원칙을 무시하고 분노를 폭발시키면 어떻게 되는지에 관해 내 사례를 소개하려 한다.

당시 나는 어떤 병원에서 일했는데, 직장 업무 시간 내내 수다를 떨고 실수가 잦은 A씨라는 40대 여성 간호사가 있었다. 진찰 중에도 옆에서 "우리 아이가 이번에 입시를 보는데……", "K씨의 남편이 바람을 피우고 있대요." 등등 다른 간호사와 수다를 떨었다. 나는 그런 A씨에게 화났지만, 나보다 나이도 많고 오래 일한 분이어서 '화내면 어떤 악담을 들을지 몰라.', '저분이 이 병원에서 더 오래 일했고 연장자인데 사이가 껄끄러워지면 곤란해.'라고 생각해 꾹 참고 있었다. 그러나 결국 쌓이고 쌓였던 분노가 폭발해 "아, 정말 시끄러워요! 잡담만 하지 말고 제대로 일 좀 해 주세요!"라고 화내고 말았다.

아니나 다를까, 그 뒤로 A씨는 태도를 고치기는커녕 나에 대해 "화나면 무서운 선생."이라는 소문을 퍼뜨렸고, A씨를 비롯한 고참 간호사들이 내 지시를 제대로 따르지 않는 등 일하기 힘들게 만들었다. 지금 그때를 되돌아보면 그녀에게 다른 식으로 말했어야 했다는 생각이 든다. 폭발할 정도까지 분노를 쌓아 두는 것은 아니었다고 크게 후회한 사건이었다.

'분노를 표현하는' 것은 문제를 좋은 방향으로 이끄는 건설적인 역할을 하지만, '분노를 폭발시키는' 것은 이처럼 일을 더욱 어렵게 만든다. 만약 당신이 잘못을 저질렀을 때 상대가 당신을 다그치거나 화내면 참지 못하고 '분노를 폭발'한다면 '적반하장'이라는 말을 들을 수도 있다. 이렇게 되면 상대의 신뢰도 잃어버려 회복할 수 없는 상황에 빠질지도 모른다.

2014년에 효고 현의 지방 의원(당시)인 노노무라 류타로 씨가 격앙된 감정을 이기지 못하고 아이처럼 엉엉 우는 모습이 '통곡 회견'이라는 제목으로 텔레비전과 인터넷에서 화제가 되었다. 옛날부터 자신의 주장이 받아들여지지 않으면 분노를 폭발시켜서 '발작

맨'이라는 별명이 있었던 노노무라 씨는 용도 불명의 정무 활동비에 관한 질문을 받고 '발작'을 일으켰던 모양이다. 솔직하게 잘못을 인정하고 반성의 뜻을 표시했다면 상황이 지금처럼 악화되지는 않았을지도 모르지만, 적반하장이라고 할 수 있는 최악의 태도를 보이는 바람에 노노무라 씨의 정치 생명이 그대로 끊어지고 말았다.

'분노 공포증' 때문에
좋은 사람이 되려 했다니

분노를 억누르지 못하고 폭발시키는 사람과 마찬가지로 화내지 않는 '좋은 사람'이 되려고 하는 사람도 있다. 이것은 '분노 공포증' 때문이다. 분노를 드러냈을 때의 리스크를 과대평가한 나머지 화내는 것을 두려워해 꾹 참기만 하는 것을 '분노 공포증'이라고 한다.

앞에서 소개한 내 경우처럼 분노를 억누르고 있었는데 어느 날 갑자기 폭발해서 화내 버린 적은 없었는가? 화내자 그때까지 억누르고 있었던 원망이 봇물 터지듯이 쏟아져 나왔던 적은 없었는가?

사실은 분노가 폭발하면 짜증이 증폭되면서 분노가 더욱 격렬해지는 경향이 있다. 그리고 분노를 주체할 수 없게 되면 문제가 심각해진다. 그전까지 억누르고 있었던 다른 격렬한 감정까지 복받치면서 어떻게 해야 할지 알 수 없게 된다. 화내면서 울음을 터트리는 사태가 벌어질 수조차 있다. 인간관계가 악화되기도 한다.

이와 같은 '분노 발작'이 지나간 뒤에는 '나는 왜 이렇게 한심할까? 나 자신을 억제하지 못해서 모든 게 엉망이 되어 버렸어. 이젠 되돌릴 수가 없어. 계속 이러다가는 조만간 아무도 나를 상대해 주지 않게 될 거야……'라며 자기혐오에 빠진다. 이 자기혐오가 강한 사람은 같은 기분을 두 번 다시 느끼고 싶지 않다는 생각에서인지 조금이라도 화내면 큰일이 나지 않을까 두려워하는 '분노 공포증'에 사로잡힐 때가 많다.

분노는 말하자면 '배설물' 같은 것이기 때문에 '분노 공포증'이 있는 사람이 계속해서 분노를 가슴속에 쌓아둔다면 다양한 형태로 악영향을 끼치게 된다. 이에 관해서는 5장에서 자세히 설명하겠다.

분노야, 그냥 그대로 와라!
받아주마

분노, 슬픔, 두려움 같은 부정적인 감정은 당신을 짜증 나게 만들고 괴롭힐 것이다. "왜 나한테는 이런 불쾌한 감정이 있는 걸까?"라고 자신에게 물어본 적은 없는가? 누구나 부정적인 감정을 느끼면 이런 의문을 품게 된다. 분노, 슬픔, 두려움을 느끼면 자신이 타인보다 못난 사람, 죄가 많은 사람처럼 생각되며, 자신이 한심하게 느껴질 때도 있다. 그리고 왜 자신이 이런 감정에 시달리고 있는지 이해해 보려고 필사적으로 생각하는 사람도 있을지 모른다.

하지만 그럴 필요는 없다. "귀신인 줄 알고 놀랐는데 자세히 보니 마른 참억새더라."라는 말처럼, 분노는 누구나 느끼는 당연한 감정으로서 그 정체만 알면 두려워할 이유가 전혀 없다. 이를 위해서는 "분노, 슬픔, 두려움 같은 감정은 자신의 의지로 통제할 수 있다."라든가 "부정적인 감정은 꾹 참고 드러내지 말아야 한다." 같은 말을 곧이곧대로 받아들이지 말아야 한다. 당신은 당신의 의지대로 통제하면서 숨을 쉬고 있는가? 그럴 리는 절대 없다. 기본적으로 호흡은 무의식중에 자동으로 하는 것이다. 호흡을 의식적으로

하려고 생각하기 시작하면 오히려 숨쉬기가 불편해진다.

감정도 마찬가지다. 감정 중 일부는 생각함으로써 생겨나므로 의지의 힘으로 통제할 수 있는 부분도 있을지 모르지만, 대부분은 자연스럽게 무의식중에 생겨난다. 요컨대 감정은 저절로 생겨나는 것이다. 당신이 이런 감정을 갖기로 결정해서 생기는 것이 아니다. 정신 분석에서도 "억압된 것은 회귀한다Return to the repressed."라고 말한다. 이것은 프로이트가 제창한 개념인데, 억압된 감정은 반드시 다른 형태로 나타나게 된다.

감정은 갑자기 솟아난다. 대체 무슨 일이 일어나고 있는지 정확히 알지 못하는데 일단 감정이 밀려올 때가 있다. 당신은 어떻게 해야 할지 알 수가 없기에 혼란에 빠져서 무엇인가 큰일이 일어났다고 느낀다. 이럴 때는 그 감정이 솟아난 원인을 밝혀내려 하기 전에 먼저 자신이 그 감정을 느끼고 있음을 받아들여야 한다.

감정은 무의식중에 솟아나는 것이며 의지의 힘으로는 어떻게 할 수 없는 부분이 있다. 그리고 이때 분노 등의 부정적인 감정은 인간인 이상 당연히 느끼는 것이라는 점뿐만 아니라 우리가 살아가는 데 도움을 준다는 것도 잊지 말아야 한다. 분노라는 감정이 있기에 부당한 대우나 모욕에 맞서 싸우려 하는 것이다.

당신이 분노를 느꼈을 때 '왜 이런 감정을 품는 걸까?'라며 비참

함을 느끼는 것도, 그 이유를 생각하고 싶어지는 것도 당연한 심리다. 이러한 격렬한 감정에 흔들리고 있는 상황에서 이것저것 고민한들 좋은 생각은 떠오르지 않는다. 먼저 당신이 느낀 분노를 그대로 받아들이기 바란다. 자신의 감정을 있는 그대로 받아들이는 것은 자기 자신을 소중히 여기는 첫걸음이다.

엄청난 성공 에너지 '분노의 힘' 이 책에 한가득 분노 에너지를 담다

청색발광다이오드LED: Light Emitting Diode의 개발로 2014년 노벨 물리학상을 받은 나카무라 슈지 씨는 기자회견에서 연구의 원동력에 대한 질문을 받자 "분노입니다. 지금도 때때로 화내고, 그 분노가 의욕이 되고 있습니다."라고 대답했는데, 이 말을 듣고 나는 깜짝 놀랐다. 나 역시 분노를 긍정적인 에너지로 전환해 왔기 때문이다. 게다가 "분노가 없었다면 오늘의 저는 없었을 겁니다."라고 농담 반 진담 반으로 말하는 것을 들었을 때는 혹시 내 생각이 전파나 텔레파시로 누설된 것이 아닌지 걱정이 될 정도였다. 자신의 생각이 타인에게 누설된 것처럼 느끼는 증상을 '사고전파'라고 하는

The Right Way to Get Angry

데, 나한테 그 증상이 있는 게 아닐까 하는 생각이 들 만큼 분노를 받아들이는 방식이 똑같았다.

노벨상을 받은 초일류 과학자와 나를 비교하면서 쏙 빼닮았다고 생각하는 것은 내가 '정신의학계의 사와지리 에리카'를 자칭할 만큼 분수를 모르는 사람이기 때문일지도 모른다. 다만 분노를 좋은 방향으로 전환시키면 큰 에너지가 되는 것만큼은 분명하다.

수년 전에도 이런 일이 있었다. 어떤 예능 방송의 촬영에 참가했을 때 본 여성 가수의 말과 행동을 신문 연재에서 언급했는데, 글이 인터넷에 올라간 순간 텔레비전 방송국과 제작사의 관계자가 내게 계속 전화를 걸어 글을 삭제해 달라고 요청했다. 그 방송은 이미 방영이 되었는데 왜 글을 삭제해야 하는지 이해할 수가 없다고 말하자 내가 사인한 계약서에 '녹화 중에 보고 들은 것을 누설

하지 않는다.'라는 조항이 있다는 것이었다. 그러고 보니 녹화 전에 "여기에 서명해 주세요."라는 부탁과 함께 종이 한 장을 받아서 거기에 서명과 날인을 한 기억이 있었기 때문에 나는 "내용도 확인하지 않고 사인을 한 내가 잘못한 거야."라고 자조하면서 글을 삭제했었다.

다만 그때 느낀 패배감은 상당히 컸다. 그 여성 가수의 말과 행동이 부당했다고 느꼈기에 고발하고 싶다는 생각도 있어서 '펜은 칼보다 강하다.'라는 마음으로 쓴 글이었는데 삭제할 수밖에 없었기 때문이다. 나는 미칠 듯이 화났다. 그래서 "되갚아 주겠어!"라고 외치며 전에 없이 집중해서 원고를 썼다. 그렇게 해서 완성한 책이 《나를 미치게 만드는 사람들》로, 일본에서 25만 부를 돌파한 베스트셀러가 되었다.

The Right Way to Get Angry

　이 경험을 통해 나는 분노가 엄청난 성공 에너지가 될 수 있음을 실감했다. 다만 분노의 에너지를 생산적인 방향으로 돌리기 위해서는 역시 자신의 마음속에 분노가 있다는 사실을 받아들여야 한다. 분노는 불쾌한 감정이기에 자신이 그런 감정을 품고 있다는 사실을 인정하기 싫을지도 모른다. 그 마음은 충분히 이해한다. 하지만 그래서는 앞으로 나아갈 수 없다.

　먼저 당신 스스로 분노를 느끼고 있음을 인정하기 바란다. 당연히 받은 만큼 되갚아 주고 싶다는 복수심도 생겨나겠지만, '행복이야말로 최고의 복수'라는 스페인의 속담을 떠올리며 당신 스스로 성공해서 행복해지기 위해 한걸음이라도 앞으로 나아가야 한다. 사실 내게는 지금 되갚아 주고 싶은 상대가 있다. 이것도 텔레비전 방송과 관련 있는 일이다. 어떤 텔레비전 방송 제작사에서 얼마 전에 이혼한 여성 연예인을 밀착 취재해 방송을 만들려고 하니 심리 분석에 필요한 체크리스트를 만들어 달라는 의뢰를 받았다. 원고 마감을 앞두고 있어서 바쁜 시기였지만 어떻게든 완성해서 제작사에 보냈다.

마침 도쿄에 갈 일이 있었기에 텔레비전 방송국을 찾아가서 사전 미팅을 하고 녹화 예정에 맞춰 일정도 조정했다. 그리고 카운슬링을 하는 모습까지 촬영했다. 이 정도면 누구나 방송 출연이 결정되었다고 생각하지 않을까?

녹화 직전에 출연이 취소되었다는 연락을 받았다. "출연자의 정원이 한 명 줄었다."라는 이유였는데, 내가 심리 분석을 담당할 예정이었던 연예인은 예정대로 출연했다. 결과적으로 나만 제외된 것이다.

The Right Way to Get Angry

이해할 수 없는 이유로 출연이 취소되자 나는 크게 우울해졌다. '나는 체크리스트를 만들기 위한 도구로 이용당한 걸까?', '카운슬링하는 모습이 못생기게 찍혀서 그런가?', '예전에 다른 방송사와 티격태격했던 게 알려진 건가?' 등등 온갖 생각이 머릿속을 스쳐 지나갔다. 이런 일이 있으면 마치 "당신에게는 방송에 출연할 정도의 가치가 없습니다."라는 선고를 받은 것 같은 기분이 든다. 체크리스트 작성, 사전 미팅, 비디오 촬영 등에 시간과 에너지를 상당히 소모했던 만큼 타격이 상당히 컸다. '남의 귀중한 시간을 대체 어떻게 생각하는 거야!'라고 고함을 지르고 싶은 심정이었다.

그런 이유로 텔레비전 방송국에 대한 분노의 감정을 베스트셀러를 냄으로써 되갚아 주고 싶다고 마음먹었다. 그렇게 이 책을 썼다. 그러므로 이 책에는 나의 분노 에너지가 가득 담겨 있는 셈이다.

2장

분노의 진짜 원인을
찾지 못하면
매일 화나는 일뿐

66

누구든지 성을 낼 수 있다. 그것은 쉬운 일이다.
그러나 올바른 대상에게, 올바른 정도로, 올바른 시간에
올바른 목적으로, 올바른 방식으로 성을 내는 것,
그것은 모든 사람들이 할 수 있는 일이 아니며 쉬운 일이 아니다.

_아리스토텔레스

99

분노를 깨닫지 못해
슬픈 사람들

앞장에서 '분노의 3단계'로서 [1단계: 분노의 자각, 2단계: 분노의 분석, 3단계: 분노의 표명]을 소개했는데, 사실 이 가운데 가장 어려운 것은 1단계인 '분노의 자각'이다. 자신의 분노를 깨닫고 진짜 원인을 밝혀내는 것이 '분노의 자각'이다.

'설마 내가 화났는지 안 났는지도 모르겠어?'라고 생각하는 사람이 있을지 모른다. 그러나 몸의 상태가 이상하다고 느껴서 병원을 찾아가 검사를 받아 봤지만, 별다른 이상이 없다는 말을 듣고 이 병원 저 병원을 전전하다 정신과에 와서야 비로소 분노가 원인이었음을 깨닫는 환자가 많다. 또한 이런 극단적인 예가 아니더라도 우리는 화내는 것을 좋지 않게 생각하는 사회 분위기 속에서 분노에 둔감해져 버렸다. '나는 이 정도로는 화내지 않는 마음이 넓은 사람이야.'라고 믿고 싶은 탓에 자신의 분노를 무시하고 있는지도 모른다는 말이다.

분노는 현재 상황을 타파하고 싶다는 신호로서 자신이 안고 있는 문제를 가시화할 수 있는 기회다. 분노를 깨닫고 '왜 나는 화났을까? = 무엇을 개선해야 하는 걸까?'로 이해하자.

이상징후, 스스로 관찰해 분노를 자각하라

자신은 딱히 분노를 느끼고 있지 않다고 생각하는 사람일수록 자신을 의심해 봐야 한다. 일단은 '나는 분노를 표현하는 게 서툴러. 그래서 분노를 가슴속에 쌓아 두는 바람에 짜증이 나거나 우울해지기도 하고, 때로는 몸에 증상이 나타나기도 해.'라고 자각하는 것부터 시작하자. 하루를 되돌아보고 분노의 물방울이 될 만한 것이 있었는지 없었는지 자신에게 물어보는 것이다.

"오전에는 안 그랬는데, 오후에는 어째서인지 실수가 잦았어. 그러고 보면 오후 업무가 시작되었을 때 여자 동기에게 내가 프린터를 사용한 뒤에는 항상 종이가 걸린다는 불평을 들은 뒤로 마음이 심란했던 것 같아. 자기야말로 툭하면 정산을 틀리면서 자기 실수는 모른 척하고 나한테만 뭐라고 하는 그 애의 목소리를 들을 때마다 짜증이 나서 실수가 많아졌는지도 몰라. 그때는 무의식중에 "미안해."라고 사과를 했지만, 그때 화났었던 게 아닐까?"

"오늘 아침에 아내가 집 열쇠를 놓고 출근한 탓에 아내의 회사까지 가져다주러 가야 했어. 깜빡한 자기가 가지러 오는 게 순리이지만 영업직인 나와 달리 자리를 비울 수 없다고 하니까 내가 일부러 시간을 내서 가져다줬는데, 고맙다고 하기는커녕 '어차피 오늘 밤에도 접대 때문에 늦을 거잖아.'라고 빈정댈 줄은 정말 몰랐어. 이게 오늘 하루 종일 기분이 좋지 않았던 원인인지도 몰라."

이런 식으로 분노를 밝혀낼 필요가 있다. 컵에서 분노가 넘쳐흐르기 전에 조금씩 떠내는 것이 중요하다. 최대한 일찍 깨닫고 '무엇인가 잘 풀리지 않는 것이 있음'을 받아들인 뒤 그것이 무엇인지 관찰해야 한다. 자기 관찰이야말로 분노를 자각하기 위해 가장 필요한 행동이다.

자기 관찰을 통해 당신 스스로 피로나 스트레스가 있다는 것을 깨달을 때도 있다. 피로나 스트레스가 쌓여 있으면 짜증이 나서 평소에는 전혀 신경 쓰지 않았던 일에도 과민하게 반응하고 만다. 이것이 컵에서 분노가 넘쳐흐르게 만드는 마지막 한 방울이 될 수도 있다. '분노를 폭발시키지' 않고 '전략적으로 화내기' 위해서는 스트레스를 발산하면서 최대한 쉬는 것을 잊지 말아야 한다.

분명 내 몸이 먼저
분노를 느낀다

분노를 자각하려면 자기 관찰이 필요하다고 말했는데, 이를 위한 지름길은 자기 몸을 항상 인식하려고 노력하는 것이다. 분노 같은 부정적인 감정은 몸이 먼저 느낀다. 왠지 몸 상태가 좋지 않다고 느끼는 것부터 시작해, 심할 경우 숨쉬기도 괴롭고 서 있기조차 힘들 때도 있다. 이런 증상이 있다면 신체적인 병만 의심하지 말고 자신이 '무엇인가에 화나 있는 것은 아닐까?'도 곰곰이 생각해 보기 바란다.

나는 불쾌한 감정을 느끼면 몸에 증상으로 잘 나타나는 편인데,

'지금 호흡이 얕아진 건 분노를 느끼고 있기 때문이야.'와 같이 감정과 몸이 어떤 식으로 영향을 주고받는지 알게 되자 스스로 감정과 조금 거리를 둘 수 있게 되었다. 분노를 느끼고 있는 자신을 객관적으로 바라봄으로써 냉정해질 수 있다. 덕분에 이유 없이 몸 상태가 나빠지는 일이 사라졌고, 별다른 고민 없이 살 수 있게 되었다. 감정이 몸에 어떤 변화를 일으키는지 알기만 해도 몸과 마음 모두 편해지는 것이다.

화가 솟아오르면 신체가 어떻게 변화하는지는 사람마다 다르다. 자신이 화났을 때를 떠올려 보기 바란다. 화가 치밀면 얼굴이나 몸이 뜨거워지기도 하고, 심장이 두근거리고 호흡이 빨라질 수 있다. 이런 감각에는 물론 개인차도 있다. 화나면 속이 쓰리는 사람도 있고, 혈압이 오르는 사람도 있다. 분노를 느꼈을 때 자신의 몸이 어떤 식으로 반응하는지 알아 두는 것이 중요하다.

그렇다면 행동은 어떻게 달라질까? 외견상 자신에게 어떤 변화가 일어나고 있는지를 스스로 볼 수는 없지만, 다른 사람을 관찰하다 보면 대충 알 수 있다. 가령 누군가가 화나면 얼굴이나 몸의 변화, 몸짓 등을 통해서 왠지 모르게 알 수 있다. 아무리 억누르려고 해도 짜증난 말투, 굳은 표정, 쾅 하고 큰 소리가 나도록 힘껏 문을 닫는 난폭한 태도 등을 통해 화났음을 짐작할 수 있다.

이런 식으로 다른 사람이 분노를 감추려 하고 있음에도 은연중에 밖으로 드러나는 다양한 변화를 최대한 관찰해 두기 바란다. 그러면 당신만 그런 부정적인 감정을 품는 것이 아님을 알게 될 것이다. 설령 명확하게 분노를 인식하고 있지 못하더라도 자신의 몸에 지금 예로 든 것 같은 변화가 나타났음을 느낀다면 자신이 무엇인가에 분노를 느끼고 있는 것이 아닌지 의심해 보기 바란다.

나쁜 컨디션이 분노를 만든다

이처럼 부정적인 감정이 생겼을 때 몸에 드러난다는 것을 알 수 있듯이, 반대로 몸의 상태가 감정에 영향을 끼칠 때도 있다. 가령 감기에 걸려서 열이 날 때 기분이 우울해지거나 슬퍼졌던 경험이 있을 것이다. 그래서 외출도 하지 못하고 집에서 누워 있기만 하는 신세가 되자 '왜 나만…….'이라며 분노를 느꼈던 경험은 없는가?

감정에 영향을 끼치는 다양한 요인 가운데 중요한 것은 수면과 호르몬이다. 먼저, 수면 부족 상태가 되면 분노나 슬픔 등의 부정적인 감정에 사로잡히기 쉬워진다. 게다가 기쁨이나 즐거움을 제대로 느끼지 못하게 된다.

나는 이런 영향을 잘 알고 있기 때문에 피곤에 찌들어 기분이 슬플 때나 분노가 진정되지 않을 때는 가급적 일찍 자려고 한다. 하룻밤 푹 자고 나면 다음 날 아침에 눈을 떴을 때 슬픔이나 분노가 조금은 가라앉기 마련이다. 만약 슬픔 또는 분노 때문에 좀처럼 잠이 오지 않거나 다음 날 잠에서 깨어난 뒤에도 기분이 풀리지 않는다면 상당히 골치 아픈 상황이라고 생각하는 편이 좋을 것이다. 이런 상태가 며칠씩 계속된다면 병원에 가야 한다. 아마도 의사에게 진찰을 받게 되면 약을 처방받게 될지도 모른다.

호르몬도 중요하다. 호르몬과 감정 사이에는 강한 상호작용이 있기 때문이다. 감정은 호르몬의 분비에 영향을 끼친다. 즐거움을 느끼면 도파민dopamine의 분비가 증가한다거나, 불안감 또는 공포를 느끼면 노르아드레날린noradrenalin의 분비가 늘어난다는 사실은 유명하다. 반대로 호르몬의 분비가 감정에 영향을 끼치기도 한다. 예를 들어 남성과 여성은 호르몬의 유형도 다르고 그 양도 다르다. 이것이 어떤 일에 대해 남성과 여성이 서로 다르게 느끼거나 다른 감정을 품는 원인 중 하나이기도 하다.

특히 여성은 남성보다 호르몬 분비의 변화를 많이 경험한다. 생리 전후, 임신과 출산, 폐경 등의 시기에 괜히 더 짜증이 나거나 불안하거나 과민함을 모든 여성이 경험했을 것이다. 요컨대 여성이 남성보다 호르몬에 따른 감정의 변화를 더 많이 겪는다고 할 수 있다. '호르몬 때문에 쉽게 화를 내는 상태가 되었구나.'라고 자각하기만 해도 자신이나 타인의 부정적인 감정을 받아들이기 쉽다.

분노에 섞여 있는
복잡한 감정을 뽑아내야 한다

분노는 희로애락의 감정 중 하나다. 누구나 느끼는 감정이지만, 어렸을 때부터 "화내면 안 돼."라고 교육 받은 탓인지 숨기고 싶어 하는 사람이 많다. 다른 사람들의 눈을 의식해 무의식중에 억누르는 경향이 있기 때문에 잘 자각하지 못하는 감정이기도 하다.

여기서 느끼는 분노에는 다른 감정도 많이 섞여 있다는 것이 분노의 원인을 찾아내기 어렵게 만든다. 슬픔이나 두려움, 시기심, 질투 등 타인에게 알리고 싶지 않은 부정적인 감정들이다. 예를 들어 어머니가 동생만 편애한다고 화난 여성의 분노 원인에는 자신만 사랑받지 못하고 있다는 슬픔도 포함되어 있다. 이런 상황에서 단순히 "동생만 편애하고 너무해요!"라며 분노를 표현하기만 한들 문제는 해결되지 않는다. 동생과 자신을 똑같이 사랑해 줬으면 좋겠다고 생각하고 있음을 깨닫지 못한다면 진정한 해결은 불가능하다.

우리가 느끼는 분노에는 어떤 감정이 뒤섞여 있는지 살펴보자.

어떤 분노에는 깊은 슬픔이 섞여 있다

분노의 그늘에는 종종 슬픔이 숨어 있다. '나를 인정해 주지 않는다.', '이해해 주지 않는다.', '사랑해 주지 않는다.'라는 마음을 느껴서이다. 이런 슬픔을 또다시 맛보기가 두려운 나머지 자신의 몸을 지키기 위해 화내는 사람도 있다. 슬픔에 휩싸일 것 같을 때마다 반사적으로 화내는 습관이 몸에 밴 것이다. 말하자면 분노가 가장 익숙한 감정이 되어 버렸다고 할 수 있다. 새로운 슬픔을 느낄 때마다 슬픔에 빠져 의욕을 잃었던 과거의 기억이 되살아나 분노를 폭발시키는 것처럼 보이는 사람조차 있다. 이런 사람은 '진짜' 감정이 무엇이든 그것을 분노로 표현하게 된다.

나의 외래 환자였던 어느 20대 여성은 다음과 같은 말을 했다.

"어린 시절부터 슬퍼지면 항상 화를 냈어요. 울음을 터트릴 때도 있었지만, 금방 분노로 변해 버렸지요. 이렇게 화내는 것으로밖에 제 감정을 표현하지 못했던 건 부모님이 항상 화나 있었기 때문인지도 몰라요. 아빠는 술을 마시면 엄마한테 고함을 지르거나 마구 때렸어요. 그 때문인지 엄마는 항상 짜증이 나있었고, 그 짜증을 어린 저한테 풀었지요. 제 이야기 같은 건 전혀 들어 주지 않아서 정말 슬펐어요. 하지만 슬프다는 감정을 그대로 표현하는 건 제게 너무나 어려운 일이었어요. 그런 감정이 밀려오면 어떻게 해야 할지 알 수가 없었고, 결국 화를 냈지요. 그때 제가 왜 그랬는지, 최근 들어서 비로소 알게 됐어요. '슬프다.'는 말을 하기가 두려웠던 거예요. 그런 말을 하면 제가 쉽게 상처받는 약한 사람임을 인정하는 셈인데, 그건 제 자신에 매우 위험한 일이었어요. 그래서 이런 감정이 솟아날 때마다 화내는 방법으로 표현하는 수밖에 없었던 거예요."

어떤 분노에는
두려움이 함께한다

　분노에는 두려움이 섞여 있을 때가 많다. 무엇인가를 하려고 하는데 냉대를 당하거나 방해를 받아서 해내지 못하는 것은 아닐까, 혹은 해냈더라도 폄하 당하거나 무시당하는 것은 아닐까 하는 두려움에서 화내는 것이다. 사람들이 자신을 이해해 주지 않는다든가 자신을 경멸하고 모욕한다고 느끼는 사람일수록 이런 두려움이 강해지는 듯하다. 이런 사람은 아무래도 방어적이 되기 쉽고 피해자 의식이 강하기 때문에 화냄으로써 자신을 지키려 하는 것이다.

　사소한 일에도 화내서 고민이라며 나를 찾아온 한 남성은 자신의 상태를 이렇게 호소했다. "사람들이 나를 인정해 주지 않는 건 아닐까, 소중하게 여겨 주지 않는 것은 아닐까 하는 불안감을 느껴 타인을 상대하기가 두려울 때일수록 화내게 됩니다. 저는 정말 불행합니다. 직장 상사는 저를 잘 몰라요. 동료들도 쌀쌀맞은 놈들뿐이에요. 아내도 제 고통을 이해해 주지 않고, 저를 사랑하는 것 같지도 않습니다. 그래서 항상 외로워요. 왜 제게는 이런 나쁜 일만 일어나는 걸까요?"

　자신이 화를 잘 내는 성격이라며 고민하는 사람들은 말로 표현하지는 않더라도 이와 비슷한 생각을 하는 경우가 많다. 이런 식으로 피해자 의식이 강해서 타인을 원망하게 되기 쉬운 것이다. 당신도 불합리한 처사로 손해를 보거나 자신이 옳다고 믿는 것을 무작정 부정당해 '이건 부당해!'라고 생각했을 때 격렬한 분노를 느꼈던 적이 있지는 않은가?

선망과 질투로 생겨나는 또 다른 이름, 분노

분노에는 타인을 시샘하거나 시기하는 마음이 섞여 있는 경우도 종종 있다. 이것은 '선망' 혹은 '질투'라는 감정이다. 선망 또는 질투라는 감정은 누구에게나 있다. 성공한 사람이나 '인격자'로 존경받는 사람도 많든 적든 선망과 질투의 감정을 품는다. 다만 그것을 표현하는 방식, 드러내는 방식이 다를 뿐이다.

예전에 유명 여배우인 미야자와 리에 씨가 딸의 입학식에 약 140만 엔이나 하는 샤넬 옷을 입고 참석했다가 다른 어머니들의 따가운 눈총을 받았다는 보도가 있었다. 어떤 어머니는 "참석한 곳의 분위기를 생각해줬으면 좋겠다."라고 말했다고 한다. 이것이 바로 선망이다. 17세기 프랑스의 명문 귀족인 프랑수아 드 라로슈푸코는 "선망이란 타인의 행복을 참지 못하는 분노다."라는 말을 했는데, 그 전형적인 예라고 할 수 있다. 다른 어머니들은 최고급품을 몸에 걸치고 당당하게 나타난 예쁘고 몸매 좋은 여배우의 '행복'을 참지 못하고 분노를 느낀 것이다. 이 분노가 바로 선망인데, 선망이라는 것은 그대로 외부에 드러내기에는 조금 창피한 감정이다.

당신도 누군가를 질투하거나 부러워한다는 마음을 가급적 숨기고 싶지 않은가? 그렇기 때문에 에둘러서 "참석한 곳의 분위기를 생각해 줬으면 좋겠다."라고 말한 것이 아닐까 싶다. 이런 비판을 하는 사람은 '튀지 않기' 위해 '분위기를 파악하는' 것이 '옳다'고 믿고 이를 타인에게 강요함으로써 자신의 선망이라는 감정을 외면하려 하는 경향이 있다. 선망은 말하자면 일종의 분노인 까닭에 분노와 선망은 서로 겹치거나 섞일 때가 많다.

'그렇다면 선망과 질투는 대체 뭐가 어떻게 다른 거지?'라고 의문을 품는 사람도 있을지 모르니 선망과 질투의 차이를 설명하겠다. 라로슈푸코의 말에 따르면 선망은 '타인의 행복을 참지 못하는 분노'이며 질투는 '우리가 소유하고 있는 행복 혹은 소유하고 있다고 믿는 행복을 지키려고 하는 심리'에서 생겨난다. 간단히 말하면 우연히 보게 된 몸매 좋은 미인이 동료의 아내임을 알았을 때 느끼는 감정이 선망이고 동네 아저씨가 자신의 아내에게 친한 듯이 말을 거는 모습을 보고 느끼는 감정이 질투인 것이다.

다만 선망과 질투는 종종 뒤섞이는 까닭에 구별하기가 어려울 때도 적지 않다. 가령 당신의 동생이 부모님에게 받은 생일선물을 보고 부러움을 느낀 상황을 상상해 보기 바란다. 당신은 선망과 동시에 질투도 느낄 것이다. 동생이 태어나기 전까지는 부모의 애정과 관심을 독점하고 있었는데, 동생이라는 라이벌이 출현한 뒤로는 자신만의 것이었던 애정과 관심을 라이벌에게 빼앗길지 모른다는 불안감과 공포에 사로잡히게 되었기 때문이다.

동료의 재능과 활약을 부러워하던 사람이 그 동료가 자신이 오르고 싶었던 지위에 오르자 질투심을 느끼는 것도 마찬가지다. 당연히 자신이 손에 넣을 것이라고 생각했기에 선망뿐만 아니라 질투도 느낀 것이다.

이처럼 선망과 질투는 하나로 섞여서 우리를 괴롭힐 때가 많다. 두 감정 모두 '왜 저 사람은 갖고 있는데 나는 갖지 못한 걸까?'라는 불공평감不公平感이 따라온다. 그리고 자신은 본래 더 대단한 사람인데 자신의 가치를 제대로 평가받지 못하고 있다며 불만을 품는 사람, 즉 자신을 과대평가하는 사람일수록 불공평감을 강하게 느낀다.

과대평가마저
분노의 원인이다

감정과는 조금 다르지만, 자신을 과대평가하는 사람일수록 타인에게 높게 평가받지 못하는 것을 '부당한 피해'로 받아들이고 '복수에 대한 욕망'이나 '처벌에 대한 욕망' 같은 분노를 품기 쉽다. 분노의 강도는 과대평가의 정도에 비례한다. 자신에게는 이 정도의 가치가 있을 터인데 그 가치를 인정받지 못하고 있다든가 가치에 걸맞은 대우를 받고 있지 못한다고 느낀다. 미모나 재능, 명예나 재산, 혹은 존경심이나 높은 평가 등 자신이 원하면서도 손에 넣지 못하는 것을 가진 사람을 향한 분노, 즉 선망도 강해진다.

정도의 차이는 있을지언정, 사람은 누구나 자신을 과대평가한다. 어째서일까? 그 원인은 바로 자기애Narcissism다. 자기애는 인간에게 필요한 것이다. 자기애에서 자존심이 생겨나며, 자기애가 없으면 자기 평가가 낮아져서 당당하게 살아갈 수 없기 때문이다. 그러나 "지나침은 모자람과 다름없다."라는 말처럼, 자기애가 너무 강하면 조금 문제가 된다. 자신을 과대평가한 결과 자신에 대한 타인의 평가와 자신의 평가 사이에 큰 괴리가 생기고 마는 것이다. 대학 입시 모의고사의 표준점수가 딱 평균값인데 자기애가 강한 나머지 자신은 머리가 좋다고 믿고 도쿄대학만을 고집하면 몇 수를 해도 대학에 가기 어렵다.

물론 자기평가와 타인의 평가가 완전히 일치하는 사람은 없다. 많든 적든 괴리가 존재하는 것이 보통이다. 그러나 자기애가 강하면 '이렇게 되고 싶다'는 이미지, 즉 이상Idea에 얽매인 나머지 현실의 자신을 받아들이지 못한다. '내가 고작 이 정도일 리가 없어!'라는 생각이 강해지기 때문이다. 당연히 분노도 강해진다. 게다가 왜 화났는지, 누구에게 화났는지를 자신조차 알지 못하는 경우가 적지 않다. 그저 화낼 뿐이다. 마치 자신이 발을 헛디뎌서 넘어져놓고서는 땅이 살못했다고 화내는 어린아이 같은 상태가 되어 버리는 것이다.

이것은 어른스럽지 못한 행동이다. 화나면 흥분해서 냉정하게 생각하지 못할 때가 많으므로 어쩔 수 없는 일인지도 모르지만, 기분이 조금 진정되면 자신을 과대평가한 탓에 현실의 자신의 모습을 직시하지 못하고 있지는 않은지 되돌아보자. 성인이라면 자신의 행동을 살펴봐야 한다. 분노에 섞여 있는 감정을 이해하는 것이야말로 진정한 분노의 원인을 밝혀내는 지름길이다.

우리를 화나게 하는
분노유발자의 5가지 유형

지금까지 다른 감정과 복잡하게 얽힌 '분노'에 관해 설명했는데, 자신을 화나게 하는 사람, 즉 자신을 공격하는 사람의 행동에 관해서도 알아 놓으면 '분노'를 더욱더 깊게 이해할 수 있다. 분노를 느꼈을 때 의식적으로든 무의식적으로든 왜 상대가 이렇게 자신을 공격하는지 파악한 다음 자신의 분노를 표명하는 것이다. 우리를 화나게 하는 사람은 크게 다섯 가지 유형으로 나눌 수 있다.

● 이득형

이득형은 언제 어느 때나 자신의 이익을 추구한다. 이를 위해서는 타인을 벼랑에서 떨어뜨리는 짓도 마다하지 않는다. 자신의 위치가 위태로워지지 않기를 바라는 '보신保身'도 여기에 포함된다.

● 자기애형

이 유형은 자신을 과대평가해 무조건 자신이 더 위라고 생각하며 이를 주위에도 과시하고 싶어 한다. 자기 자랑을 통해 자신의 우위성을 확립하는 데서 멈추는 사람부터 상대를 부정하고 존엄성에 상처를 입히려 하는 사람까지 다양하다.

● 선망형

자신보다 성공을 거둬서 행복해 보이는 사람을 용납하지 못하는 유형이다. 인터넷의 세계에서 유명인을 비방하는 것도 여기에 해당된다.

● 부인형

자신에게 잘못이 있음을 인정하고 싶지 않아서 그것을 부인하기 위해 타인을 강하게 몰아세우는 사람이 이 유형이다. 자신을 정당화하기 위해서라면 상대를 공격하는 것도 마다하지 않는다.

● 치환형

애꿎은 사람에게 화풀이하는 사람이 이 유형이다. 본래 분노를 느낀 원인을 자신의 힘으로는 어떻게 할 수가 없으니 발산하기 쉬운 다른 사람에게 분노를 분출한다. 다만 당하는 입장에서는 상대가 어떤 상황에 놓여 있는지 알지 못하면 판단이 불가능하기 때문에 이 유형인지 알기가 어렵다.

이런 사람들과는 최대한 접촉을 피할 것을 권하고 싶지만, 그럴 수 없을 때는 분노를 명확하게 표명해야 한다. 다만 이때 분노를 발산하기만 해서는 의미가 없다. 쾌락원칙과 현실원칙의 균형을 잡으면서 적절하게 분노를 표현하는 것이 중요하다.

'과거와 타인은 내 힘으로 바꿀 수 없다' 힘들 땐 그냥 내버려두자

일본 연예계 최고의 잉꼬부부로 알려졌었던 다카하시 조지 씨와 미후네 미카 씨가 벌였던 이혼 소동의 원인으로 '도덕적 폭력'이 화제가 되었다. '언어폭력'을 당했다는 미후네 씨의 주장에 대해 다카하시 씨는 '부부 싸움의 연장선상이라는 감정'이었다며 부정했다.

이런 사례에서는 어느 한 쪽이 거짓말을 했다기보다 남편이 자각하지 못한 채로 오랜 기간에 걸쳐 아내에게 지속적으로 정신적인 피해를 준 결과 이별의 위기를 맞이한 경우가 많다. 여기에서 골치 아픈 점은 자각이 없었다는 것이다. 근처에 있는 누군가의 행동에서 비난할 수 있는 점을 찾아내 그것을 음습하게 지적함으로써 상대의 가치를 떨어뜨리는 것이 도덕적 폭력인데, 그런 행동을 하는 쪽은 상대에게 정신적 고통을 주고 있다는 의식이 전혀 없다. 미후네 씨가 다카하시 씨에게 받았다고 주장한 '외출 금지령'을 비롯한 구속의 경우도 남편으로서는 아내가 나쁜 남자에게 속거나 나쁜 소문이 퍼져서는 곤란하므로 아내를 '지도'해 준다는 의식이 아니었을까? 설령 마음속 깊은 곳에 지배욕이나 독점욕이 숨어 있더라도 최소한 의식적으로는 '아내를 위해 질책을 했다.', '아내의 나쁜 점을 고쳐주기 위한 사랑의 매'와 같은 식으로 정당화하기 쉬운 것이다.

이런 인식의 괴리는 부부 사이에서 종종 일어난다. 가령 어느 60대 여성은 남편이 지방으로 발령을 받아 현지에서 혼자 생활하

The Right Way to Get Angry

다가 주말마다 올라온다고 한다. 그런데 남편은 귀가하면 현관에 들어서자마자 신발장의 신발을 다시 정리하고 청소기를 돌리는 바람에 자신의 신발 정리나 청소 방식이 잘못된 것이 아니냐는 고민에 빠졌고, 이 때문에 주말이 가까워지면 가슴이 두근거리게 되었다고 한다. 남편이 자신을 그런 식으로 질책한다고 느껴 곧 남편이 집에 온다고 생각하기만 해도 몸 상태가 나빠지는 탓에 이혼까지도 고민하고 있다는 것이다.

그런데 정작 남편은 이런 사실을 전혀 모르는 모양이다. 아마도 남편의 심리는 아내를 질책한다기보다 오히려 아내를 위해 집을 깨끗하게 청소하고 정리정돈까지 해주자는 정도일 것이다. 실제로도 "청소기는 이런 식으로 돌려야 해."라며 아내를 '지도'해 주는 모양인데, 아내는 그럴 때마다 자신의 집안일 능력을 부정당하는 것처럼 느껴져 기운이 빠진다고 한다.

이런 식의 괴리는 직장에서도 발생한다. 일례로 어느 30대 남성은 밀실에서 상사에게 "실적이 안 오르는데 어떻게 된 건가?", "그러니까 자네는 안 되는 거야." 등의 훈계를 1시간 반이나 듣고 다른 상사를 찾아가 권력을 이용한 괴롭힘이 아니냐고 하소연했는데, 그 상사는 어디까지나 부하 직원을 위하는 마음에서 '지도'한다는 생각으로 그런 말을 했던 모양이다.

여성 신입 사원을 특히 엄하게 '지도'하는 고참 여사원도 그 신입 사원의 젊음이나 미모를 시기해서 괴롭힌다는 자각은 없으며 어디까지나 '신입 사원을 위한 질책'이라고 생각하지 않을까?

본인은 상대를 괴롭힌다는 자각이 없을 뿐만 아니라 자신이 옳다고 믿는 경우도 적지 않다는 것이 정말 골치 아픈 문제다.

The Right Way to Get Angry

어느 금융기관의 지점장은 점내에 떨어져 있던 1엔짜리 동전을 발견하자 부하 직원에게 경찰서로 가져가라고 명령했다. '금융기관인 이상 돈에 관해 철저해야 한다. 나중에 고객이 1엔 동전이 떨어져 있지는 않았느냐며 찾으러 오면 어떡할 건가? 만에 하나 소송이라도 당하면 누가 책임을 질 건가?'라는 이유에서라는데, 과연 그런 고객이 있을지 매우 의문이다.

물론 "1엔에 웃는 자, 1엔에 울 것이다."라는 말도 있으므로 고작 1엔이라고 해도 소홀히 생각해서는 안 된다. 그러나 다 큰 어른이 1엔짜리 동전을 주웠다며 경찰서에 들고 왔을 때 경찰은 무슨 생각을 했을까? 게다가 3개월이 지나도 원소유자가 나타나지 않아서 다시 그 1엔을 가지러 경찰서까지 갔다는 말을 듣고 나는 진료실에서 폭소를 터트렸다.

이 이야기를 해준 은행원은 그 지점에서 일하면서 매일 같이 지점장에게 사소한 실수를 집요하게 지적당하며 혼이 났다고 한다. 이 이야기는 지점장이 얼마나 속이 좁은 사람인지 보여주는 일화로서 말해준 것이었다. 도장을 찍은 각도가 살짝 기울어졌다는 이유만으로 지점장에게 30분 이상 혼이 난 적도 있고 메모지를 살짝 어긋나게 붙였다는 이유로 메모지를 붙이는 방법에 관해 1시간 이상 설교를 듣기도 하는 등 회사 생활이 너무 피곤하다고 한다. 다른 은행원들도 곤혹스럽기는 마찬가지인 듯하지만, "옳은 일을 철저히 실행한다."가 입버릇인 지점장 앞에 서면 아무 말도 할 수가 없다고 한다.

이렇게 자신은 어디까지나 옳은 일을 실행하고 있으며 '상대를 위해' '지도'해 주는 것이라고 믿는 자기기만Self Deception의 화신에게는 도덕적 폭력에 대한 자각도 죄책감도 없다. 이런 사람과 얽히면 당연히 분노가 끓어오를 터인데, 그 분노를 드러내지 못하고 꾹참으니까 가슴 두근거림이나 불면증 등의 증상에 시달리게 되는 것이다.

그러므로 "과거와 타인은 내 힘으로 바꿀 수 없다."라고 자신에게 말하며 최대한 거리를 두는 수밖에 없다. 직장이나 가정 등에서 마주칠 수밖에 없을 때는 '자신을 위해 싸우자!'라고를 마음에 깊이 새기며 이 책에서 소개한 전략적인 대답으로 조금씩 되받아쳐보기 바란다.

3장

화 잘 내는 사람이
일도 잘한다
- 비즈니스 편 -

66

성공이란 한 가지밖에 없다.
당신의 인생을 당신의 뜻대로 사는 바로 그것이다.

_몽테스키외

99

사표 던지고 싶게 만드는 상사에게
전략적으로 화내는 법

지금까지 설명한 쾌락원칙과 현실원칙을 양팔저울에 올려놓고 균형을 유지하며 분노를 표명할 수 있도록 구체적인 사례를 통해 전수하려 한다. '분노의 3단계'로 치면 3단계인 '분노의 표명' 부분이다.

먼저 비즈니스 편부터 소개하겠다. 비즈니스의 무대에서는 출세나 권력 등 앞에서 이야기한 '이득형'과 얽히는 경우가 많은데, 논리적으로 반론하면 상대의 양보를 끌어낼 가능성이 있다.

클라이언트나 상사에게 무리한 요구를 받거나 세대가 다른 후배에게 농락당할 때도 있을 것이다. 내 환자 중에도 직장인이 많

3장. 화 잘 내는 사람이 일도 잘한다 - 비즈니스 편 -

81

다. 트러블이 생겼다고 해서 바로 회사를 그만두는 사람은 거의 없다. 솟아오르는 분노를 속으로 끓이며 참는 경우가 많다.

많은 직장인이 회사를 그만두고 싶어할 때가 바로 인간관계에 문제가 생겼을 때라고 한다. 그중에서도 대하기 힘든 상대가 바로 상사가 아닐까.

상사와 시어머니는 공통점이 있다. 그분들이 나한테 뭐라 하지 않고, 심지어 배려하며 잘해주신다 해도 존재 자체가 어렵고 편치 않다는 것이다. 사례1부터 10까지는 상사에게 받을 수 있는 분노의 유형과 그에 따라 답하는 기술을 정리했다. 지금부터 각각의 사례에서 옳다고 생각되는 답을 고르며 읽기 바란다.

사례1:
퇴근 직전 일을 떠넘기는 상사

"내일까지 이걸 해 놓게. 자네라면 할 수 있어!"
퇴근 시각 직전에 야근하지 않고서는 절대 끝낼 수 없는 분량의 업무를 건네는 상사. 항상 이런 식으로 무리한 업무 지시를 해서 화난다.

대답①: "지금 A 안건도 빨리 처리해야 해서 내일까지 끝내기는 어렵습니다만, 이번 주말까지 처리하면 안 될까요?"

대답②: "이 건, 제가 모르는 부분이 있어서 과장님의 도움이 필요합니다만……."

대답③: "이걸로 빚을 두 개 지신 겁니다. 빚 세 개는 안 됩니다. 야구도 쓰리아웃이면 공수 교대라는 거 아시죠?"

이 상사는 앞에서 설명한 화나게 하는 사람의 유형에 대입하면 부하 직원에게 일을 시킴으로써 업무를 효과적으로 처리하고 자신도 높게 평가받으려 하는 '이득형'이라고 할 수 있다. 이 경우 대답 ①이나 ②로 대응하는 편이 좋을 것이다. 타협점을 모색해 교섭에 나서는 대답이기 때문이다.

①은 '내일까지는 어렵지만 이번 주말까지는 하겠다.'라는, 지시를 따르겠지만 기한은 양보해 달라는 대답이다. ②는 상대에게도 도움을 요구하는 대답으로, ①과 ② 모두 양측의 타협점을 모색한다. 그러나 ③은 이번에 요구를 전부 수용하는 대신 '다음은 없다.'라는 정신적인 압박을 가하는 동시에 상대에게 마음의 빚을 지우려 하고 있다. 물론 상사가 먼저 무리한 요구를 하기는 했지만, 현실원칙에 비추어보면 앞으로의 업무나 회사에서의 인간관계에 지

장을 초래할 수 있는 ③과 같은 대답은 하지 말아야 할 것이다. 쾌락원칙을 도입하면서도 현실원칙에 입각한 대답을 적절하게 하는 것이 중요하다.

"자네라면 할 수 있어!"라고 응원한 것을 봤을 때, 이 상사도 자신이 부하 직원을 곤란하게 했음은 충분히 이해하고 있다. 그럼에도 이런 지시를 했다면 제출 기한이 내일이라거나 프레젠테이션 전날이라거나 하는 절박한 사정이 있을 것이다.

다만 이런 일이 계속 반복된다면 '다른 안건이 있다.'는 점이나 '모르는 부분이 있다.'는 점을 더욱 부각시킴으로써 자신이 곤란한 상황임을 알리자.

"A 안건의 마감일이 내일이어서 내일까지 끝내는 건 도저히 무리입니다.", "다음부터는 며칠 전에 미리 말씀해 주신다면 감사하겠습니다."

같은 말을 덧붙이는 편이 바람직할 것이다. '타인을 바꾸기는 불가능하다.'라는 사실을 잊지 말자. 이 사례의 상사도 지금까지 나름의 성공 체험을 했기에 이런 지시를 한 것이다. 최후의 수단으로는 상사의 '이득'을 무효화하는 '상사의 상사에게 말한다.', '고용노동부나 변호사와 상담한다.' 같은 방법도 있다. 이런 방법은 어디까지나 쾌락원칙과 현실원칙의 균형을 고려하면서 사용할지 말지를 결정해야 할 것이다.

사례2:
"라떼는 말이야~."
넘치는 자기자랑, 이제 그만!

"내가 자네 나이일 때는 회사의 운명을 건 일대 프로젝트를 성공시켜서 빌딩을 지었다고."
상사가 틈만 나면 과거의 무용담을 늘어놓는데, 매번 들어 주는 것도 이제는 신물이 난다.

대답①: "네, OO산업과의 프로젝트를 성공시키셨죠?"
대답②: "아하, 그 빌딩 말씀이시군요! 그래서 빌딩을 세운 뒤에 새로운 부서를 설립해서 우리 회사가 이렇게 발전할 수 있도록 길을 닦아 놓으셨군요!"

이 상사는 전형적인 '자기애형'으로, 이른바 '자랑을 하고 싶어 안달이 난 사람'이다. 특히 자기애가 강하고 자부심이 지나치게 높은 사람은 크게 세 가지 유형으로 나눌 수 있다. 항상 주위 사람들에게 칭찬과 존경을 요구하는 '자랑 칭찬형', 자신이 특별한 사람이라는 특권 의식이 강해서 주위에 특별대우를 요구하는 '특권 의식형', 타인을 통제함으로써 그 자리를 지배해야 직성이 풀리는 '조작 지배형'이다.

그렇다면 이런 유형의 사람들을 어떻게 대해야 할까? 사실 이 '자랑 칭찬형'처럼 단순히 자랑하고 싶을 뿐인 사람은 그다지 실질적인 해를 끼치지 않는다. 적당히 "대단하시네요."라고 칭찬해 주면 기분도 좋아지고 그 자리의 분위기도 원만해진다. 실질적으로 해를 끼치느냐 끼치지 않느냐는 현실원칙을 생각할 때 판단의 중요한 기준이 된다. 참고로, 이 세 가지 유형이 주위에 끼치는 피해도를 비교하면 '자랑 칭찬형' 〈 '특권 의식형' 〈 '조작 지배형'이다.

이 사례에서의 대답은 ①, ② 어느 쪽이든 상관없다. ①은 '이미 들었습니다.'라는 것을 은근히 강조할 수 있다. 또 ②는 상사가 하려고 했던 말을 미리 해 버림으로써 상사가 할 말이 없어져 이야기를 빨리 끝낼 가능성이 생긴다. 뒤에서 해설하겠지만, "○○산업과의 프로젝트를 성공시켜서 빌딩을 지으셨군요."와 같이 상사가 한 말을 그대로 '반복'하는 방법도 효과적이다.

사례3:
하지도 않았던 지시를
했다고 우기는 상사

"작년 동월 데이터와 비교해서 매출액 목록을 작성하라고 말했잖아! 아직도 안 한 거야?"

상사가 매번 하지도 않았던 지시를 마치 했던 것처럼 말하는데, 이제는 인내의 한계를 느낀다.

대답①. "죄송합니다. 다음부터 중요한 지시는 잊어버리지 않도록 이메일로 보내주실 수 있을까요?"

대답②. "요전에 K부장님과 J국장님을 참조인으로 해서 확인 메일을 보내드렸습니다만, 그 답신에서도 말씀하신 것과 같은 지시는 받지 못했습니다."

이 상사는 회사 내에서 자신의 지위를 보호하기 위해, 즉 '보신'을 위해서 이렇게 말하는 '이득형'이라고 할 수 있다. 이런 상황을 방지하기 위해서는 메모도 좋지만 대답①, ②처럼 이메일을 이용하는 것이 좋다. 그리고 대답②처럼 그 상사의 상사에게도 이메일을 보내 놓으면 더욱 압박을 가할 수 있다. 이 사례와 같은 일이 벌어지면 지시를 했다 하지 않았다를 두고 입씨름을 벌이게 되므로 확실한 근거를 남겨서 상대의 평계를 원천봉쇄하는 것이 무척 중요하다.

대답①처럼 지시를 이메일로 보내 달라고 말했을 때 상사가 귀찮다며 거부한다면 대답②처럼 "제가 확인 메일을 보내겠습니다."라고 말한 뒤에 상사 본인에게 확인 메일을 보내는 것은 물론, 경우에 따라서는 그 상사보다 지위가 높은 사람에게도 보내 놓을 것을 권한다.

사례4:
현장에 나간 적 없는
상사가 억지를 부릴 때

"그런 경비 지출을 허가해 줄 리가 없잖아! 꼭 필요하다면 자네 돈으로 하게!"
현장에 거의 나가 본 적 없이 부장이 된 상사가 현실도 모르고 이런 억지를 부린다. 그렇다면 본인이 직접 해보든가!

대답①: "클라이언트의 요망에 부응하기 위해서는 반드시 필요한 경비입니다. 허가해 주실 수는 없을까요?"

대답②: "클라이언트의 요망에 부응하려면 이렇게 하는 수밖에 없어서……. 경비 지출을 허가 받을 수 없었다고 제가 설명한들 그쪽에서 이해해 줄 리가 없습니다만, 부장님께서 설득해 주신다면 그쪽도 이해할 겁니다. 그러니 전화 한 통만 부탁드려도 될까요?"

회사와 이익이 일체화된 '이득형'의 사례다. 특히 직급이 높은 사람들 중에 이런 유형이 매우 많다. 위로 올라갈수록 회사의 이익이 자신의 대우로 직결되기에 당연하다면 당연한 일이다.

대답①과 같이 말해서는 효과를 기대하기 어렵다. 아무리 논리정연하게 설명해도 현장을 모르는 이런 상사에게는 통하지 않는다. 이런 경우는 대답②처럼 상사를 강제로 끌어들이는 방법이 가장 좋다. 상사가 클라이언트와 경비 문제를 의논하게 하고, 그래도 안 된다면 포기하거나 다른 방법을 궁리해야 할 것이다.

자신은 아무것도 하지 않은 채 부하 직원들이 알아서 잘해 주기를 바라는 상사가 종종 있는데, 그런 생각을 하지 못하게 해야 한다.

사례5:
본인에게는 쉬웠다며
무리한 일정으로 일을 시킨다면

"이거 내일까지 끝내 놓도록 해! 네 나이였을 때 나는 이 정도 업무는 회사에서 하룻밤 새 다 끝냈다고!"

40대인 일벌레 선배는 항상 이런 식으로 말하는데, 들을 때마다 화난다. 저는 언니처럼 한가하지 않거든요.

대답①: "일이 있어서 내일까지 끝내는 건 무리예요!"
대답②: "저는 선배처럼 일이 빠르지 못해서……. 그러니 하루만 시간을 더 주세요."

이 선배는 후배에게 빨리 일을 끝마치게 함으로써 이익을 보려고 하는 '이득형'이다. 이때, 화난다고 해서 대답①처럼 거부하는 것을 권하지 않는다. 지금 당장은 일을 하지 않아도 될지 모르지만 선배에게 나쁜 인상을 줄 뿐이다. 거부당하면 상대는 왜 못하냐며 분노를 느낄 뿐만 아니라 자신을 만만하게 생각해서 거부하는 것은 아닌지 의심할 가능성도 있다.

만약 거부한다면 상대가 이해할 수 있도록 충분한 설명을 덧붙이기 바란다. 이를테면 "어머니가 입원을 하셔서 병간호를 하러 가야 해요."라든가 "부장님이 내일까지 꼭 해야 한다면서 맡기신 일이 있어서요.", "오늘이 결혼 10주년 기념일인데, 안 오면 이혼이라고 해서 꼭 들어가야 해요." 등 상대가 수긍할 수밖에 없는 설명이 좋을 것이다.

앞으로의 관계성을 생각하면 거절하기보다 대답②처럼 교섭하는 쪽을 추천한다. 분노를 느꼈을 때는 "선배처럼 일이 빠르지 못하니 하루만 더 주세요."와 같은 식으로 표현하는 것이 중요하다.

또한 이 사례의 경우는 선배가 "네 나이였을 때 나는 이 정도 업무는 회사에서 하룻밤 새 다 끝냈어."라며 '내가 너보다 훨씬 일을 잘해.'라는 '자기애'를 과시하고 싶어 하는 부분도 있으므로, 대답②처럼 "선배처럼 일이 빠르지는 못하니."라고 자신을 낮춤으로써 상대의 자기애를 만족시켜 주는 것이 중요하다. 하루에 끝낼 생각이라면 이틀, 사흘에 끝낼 생각이라면 일주일 등 조금 여유를 두는 것도 교섭술의 기본이다. 될 수 있으면 자신에게 이익이 되도록, 손해만 보는 일이 없게 교섭하기 바란다.

사례6:
그때그때 말이 달라져서
곤란하다고요!

"자네는 이 사업 계획이 말이 된다고 생각하나? 다시 만들어 와."

분명히 며칠 전에 보여줬고 이러이러하게 고치라는 지시를 받아서 그대로 수정한 서류인데, 갑자기 그때와는 반대되는 지적을 하며 반려하는 부장에게 짜증이 난다. 늘 이런 식으로 말이 달라져서 '메멘토'라는 별명의 상사에게 몇 번이나 의미 없는 수정을 지시 받아 왔는지…….

대답①: "28일에 부장님께서 말씀하신 대로 수정한 것입니다만, 추가로 수정을 하는 편이 좋을까요?"

대답②: "알겠습니다. 다시 만들어 오기는 하겠습니다만, 어떻게 만들어야 할지 지시 사항을 이메일로 보내 주실 수는 없을까요? 아니면 제가 확인 메일을 보내드리겠습니다."

이것은 부하 직원이 사업 계획을 제대로 만들어 와서 자신이 곤란을 겪지 않기를 바라는 '보신' 성향의 '이득형'에 몇 번씩 계획서를 다시 만들게 함으로써 자신의 힘을 과시하려 하는 '자기애형',

적절한 수정 지시를 내리지 못했음을 인정하고 싶지 않은 '부인형'이 섞인 복잡한 사례다. 아침에 명령을 내렸다가 저녁에 다시 고친다는 조령모개도 아니고 조령조개 수준인 상사, 자신에게 불리한 부분만 깔끔하게 잊어버리는 사람은 의외로 많다.

자신의 실수도 전부 다른 사람의 탓으로 돌리는 까닭에 이런 상사가 있으면 부하 직원은 자신의 실수를 감추게 된다. 일단 실수를 인정하면 상사는 그 부하 직원의 실수가 아닌 것까지 전부 떠넘기고는 심하게 질책하기 때문이다. 이런 유형의 사람과 함께 일하다가 몸 상태가 엉망이 된 환자도 있다.

이 경우 대답①처럼 "당신의 지시대로 수정했다."라고 말해 두는 것은 중요한 일이다. 그러나 이런 상사는 "나는 그런 의미로 말한 게 아니야!"와 같은 식으로 사실을 자신에게 유리하도록 비틀 때가 많다. 상대가 계속해서 다른 말을 해 왔음을 보여줄 수 있도록 대답②처럼 증거로 삼기 위한 확인 메일을 보내 놓는 것도 효과적이다. 이메일을 이 상사보다 더 지위가 높은 사람에게 함께 보내 놓을 수 있다면 최선이지만, 어렵다면 다른 관계자에게 보내는 방법도 추천한다.

아주 사소한 것까지 지적해야 할까?

"이대로는 글자 크기가 조금 커서 보기가 좋지 않으니 수정해 줘."
내가 만든 서류를 꼼꼼히 살펴보고 아무래도 상관없는 부분까지 집요하
게 찾아내서 지적하는 직장 선배. 형식적인 서류일 뿐이라서 내용만 알
수 있으면 되건만……

대답①: "그게, 이전에 만들었던 서류를 부장님께서 보시고는 글자 크기
가 조금 작다고 하셔서 키운 겁니다."
대답②: "눈이 안 좋으신 분도 많으니 글자 크기는 이 정도가 적당하지
않을까 싶은데요."

이것은 자신의 위치가 더 위라는 우위성을 과시하고 싶은 '자기
애형'의 예다. 상대의 결점을 과도하게 지적함으로써 상대적으로
자신이 우위에 있음을 보여줄 수 있다고 믿는 것이다. 이런 사람은
대답②처럼 흘려 넘기면 '내 지시를 따르지 않는다.'며 더 화내므
로 고치는 척은 하는 편이 좋다. 혹은 대답①처럼 이 선배보다 지
위가 높은 상사의 탓으로 돌리면 아무 말도 하지 못할 것이다.

전부 달라고 해서 줬더니 쌓아두기만 하고
결정은 왜 안 해주냐고!

"반드시 나를 거치도록!"

무엇이든 자신도 알고 있어야 직성이 풀리는 상사. 그러나 처리 능력이 떨어지는 탓에 서류가 책상 위에 수북하게 쌓이기 일쑤이고, 이 때문에 업무가 정체되면 혼이 나는 것은 언제나 우리 부하 직원들이다.

대답①· "모레기 마김일이니 지금 검토해 주실 수는 없을까요?"
대답②: "어떻게 확인을 받으면 좋을까요?"
대답③: "과장님께서 자리에 안 계실 때는 진행하고 나서 확인을 받아도 될까요?"

이것도 '자기애형'의 예다. 그것도 자신이 없으면 아무것도 진행되지 못한다고 생각하고 싶어 하는 '조작 지배형'이다. 자신에게 자신감이 없는 까닭에 자신의 존재감을 항상 과시하고 싶어 하며, 이를 주위 사람들에게 인정받고 싶은 것이다. 이런 사람일수록 유능하지 못한 경우가 많다.

대답①처럼 "지금 검토해 주실 수는 없을까요?"라고 말해서 확인을 받는 것이 가장 빠른 방법이다. 지금은 시간이 없다고 하면 대답②처럼 물어보자. 그러면 어떻게 해야 할지 말해줄 터이므로 그때 다시 새로운 방법을 궁리하는 것이 좋다. 대답③은 당연히 '나를 건너뛰었다.'며 화를 낼 것이기 때문에 금물이다. 전부 자신이 책임지지 말고 상대에게 판단을 맡기는 것이 중요하다.

사례9: 모욕적인 폭언을 일삼는 상사에게 그대로 돌려주고 싶다

"왜 이런 쉬운 매출 목표를 달성하지 못하는 거야!? 초등학생도 이것보다는 일을 잘하겠군! 다들 나가서 죽어 버려!"

매출이 떨어지고 있는 우리 회사. 악질 과장에게 가치를 부정당하고 모욕당하는 나날에 염증을 느끼고 있다. 내 딴에는 열심히 노력하고 있는데, 과장에게 들은 모욕적인 폭언이 머릿속을 떠나지 않아서 일에 집중할 수가 없다.

대답①: "죄송합니다. 하지만 저도 온 힘을 다해 노력하고 있습니다. 혹시 과장님께 좋은 아이디어가 있다면 지혜를 빌리고 싶습니다."

대답②: "네, 저도 과장님께 폐만 끼치는 것 같아서 차라리 죽어 버리는 편이 낫지 않은가 생각할 때가 있습니다."

이것은 '자기애형' 중에서 '조작 지배형'이지만, '치환형'일 가능성도 있다. 이런 사람은 자신의 지배욕을 만족시키기 위해 타인을 이용한다. 설령 폭언을 함으로써 자신이 얻을 수 있는 실질적인 이익이 없다 해도 상대를 굴복시키면 자신의 가치가 상대적으로 높아진다고 믿는다. 권력을 가진 사람이 이 유형이라면 주위 사람들은 매우 피곤해진다.

회사의 매출이 하락하고 있어서 상사도 상부로부터 압박을 받고 있을 터이므로 본래라면 압박을 가하는 상대에게 분노를 느낄 것이다. 그러나 자신보다 윗사람에게는 화낼 수 없으므로 부하 직원의 탓으로 치환해서 분노를 분출하는 것이다. 이때 자신은 무능한 사람이라고 위축되어 버리면 상대의 의도에 넘어가는 것이다.

대답①처럼 자신감을 갖고 의연하게 말하자. 상사에게 되묻는 것이 포인트다. 그럼에도 폭언이 줄지 않는다면 오히려 상사의 말에 편승해 있는 힘껏 풀이 죽어 보는 것도 한 가지 방법이다. 자신

때문에 다른 사람이 죽으면 책임 문제가 되므로 안색이 창백해져서 달랠지도 모른다. 인간은 자신이 생각도 못 했던 결과가 나오면 당황하기 마련이다.

사례10:
기분이 안 좋을 때면 막말하는 상사

"이미 설명해 준 건데 이해를 못 하다니, 자네 바보인가?"

항상 타인을 깔보거나 부정하는 상사. 심기가 불편할 때 질문을 하면 이런 식으로 쏘아붙인다. 인격을 모독하는 심한 발언에 화가 머리끝까지 났다.

대답①: "한 번에 이해할 수 있는 설명이었다면 저도 이해할 수 있었겠습니다만……. 자꾸 부탁을 드려서 죄송하지만 한 번만 더 가르쳐 주십시오."

대답②: "그게 한 번 들은 것으로는 이해가 잘 안 돼서……. 자꾸 여쭤봐서 죄송합니다. 그래도 과장님이라면 저도 이해할 수 있게 가르쳐 주실 것 같아서……."

이 상사도 '자기애형', 그것도 가장 고약한 '조작 지배형'이다. 모든 것이 자신의 통제 아래 있어야 직성이 풀리기 때문에 자신이 말한 대로 되지 않는 것을 견디지 못한다. 이런 사람은 상대를 내려다봄으로써 자신의 우위성을 과시하고 싶어 한다. 아마도 자신에게 그다지 자신감이 없는 사람일 것이다. 이런 사람들은 타인을 내려다보거나 부정함으로써 타인의 가치를 떨어뜨리면 상대적으로 자신의 가치가 높아진다고 믿는다.

이 사례에서는 대답①과 대답② 모두 OK다. 양쪽 모두 "당신이 한 번에 이해할 수 있도록 설명해 주지 못하니까 또 물어보는 거잖아."라고 빈정거리는 대답이나. 아마도 이 상사는 이해하기 쉽게 설명하지 못하는 사람일 것이다. 상대가 눈치채지 못하게 빈정거리는 것은 매우 현명한 방법이다. 이것은 자신의 쾌락원칙을 만족시키면서도 현실원칙에 입각해서 하고 싶은 말을 하는 것이기 때문이다.

다만 이 경우는 상사의 처지가 되면 또 다른 관점에서 생각할 수 있다. 상사도 할 말이 있으며, 서로 욕구 불만을 느끼는 상태에서 상대를 이해할 수 없는 데 따른 분노가 충돌한 상황일 가능성도 있다.

동료 및 다른 팀원에게
전략적으로 화내는 법

직장 동기는 매일 보는 사람이기 때문에, 더구나 친하기까지 하다면 한 번 어긋날 경우 누구보다 원수 같은 사이로 변하기 쉽다. 친했던 만큼 배신의 상처를 깊게 남겨 오래도록 서로를 용서하지 못하게 될 수도 있다.

사례1부터 4까지는 동기 혹은 타부서의 관계자, 성차별에서 발생하는 분노 등을 다루었다.

사례1:
내 결혼은 내가 알아서 할게

"자네도 빨리 결혼하는 편이 좋을 걸? 그러다 영영 노처녀로 늙는 수가 있다고."

서른이 넘어서도 아직 결혼을 하지 않은 내게 동료가 자꾸 이런 식으로 말한다. 오지랖도 참 넓으셔!

대답①: "내가 설계한 인생 계획이 있으니 걱정해 주지 않아도 돼."
대답②: "걱정해 주는 것 이상으로 열심히 노력하고 있는데 잘 안 되네."

왜 이런 말을 하는 사람이 있는지 정말 이해하기 어렵다. 아마도 상대방이 창피해 하거나 난처해 하는 모습을 보고 우월감에 잠기는 '자기애형'의 일종이 아닐까 싶다. "빨리 결혼하는 편이 좋아."라고 말한 동료는 아마도 자신의 행동이 잘못되었다고 생각하지 않을 것이다. 아니, 오히려 상대방을 위하는 마음에서 해준 충고 정도로 생각하는 사람도 있다.

이런 경우에는 "성희롱입니다."라고 말해 버리면 간단하지만, 그러면 상대와의 관계는 당연히 악화된다. 될 수 있으면 그런 식으로 말하지 않으면서 어떻게 자신의 분노를 표현하느냐가 중요하다. 싱긋 웃으며 대답①과 같이 흘려 넘기는 것도 좋지만, ②처럼 상대가 예상하는 수준을 뛰어넘은 대답을 하면 대꾸할 말을 찾지 못해 더는 같은 말을 하지 않게 될 가능성이 높아진다.

사례2:
임신했다고 구박하는 인사팀 담당자

"그렇게 멋대로 임신을 해 버리면 회사가 얼마나 피해를 보는지 아는 건가?"
임신 사실을 보고하러 갔다가 인사 담당에게 이런 말을 들었다! 요즘 시대에 이런 말을 하는 사람이 있다니!

대답①: "이 아이는 계획이 없었는데 하늘이 내려준 선물이라서요. 얘가 크면 P씨의 연금을 책임져 줄 거니 이해해 주세요."
대답②: "죄송하지만 지금 녹음 중인데, 발언에 책임지실 수 있는 건가요?"

이 사례의 인사 담당 역시 회사와 자신의 이익이 일체화된 사람으로 '이득형'이다. 대답①은 농담조로 말하면서도 하고 싶은 말을 한 것이므로 좋은 대처로 생각된다. 그러나 대답②와 같은 협박은 이후의 관계를 절망적으로 악화시킨다. 지금은 문의를 위해 고객 센터에 전화를 걸기만 해도 "이 통화는 녹음되고 있습니다."라는 음성이 흘러나오는 시대인데, '상담원의 질적 향상을 위해서'라고는 하지만 왠지 불편한 느낌이 들지는 않는가? 이것은 처음부터 "당신을 신용하지 않습니다."라고 말하는 것과 다르지 않기 때문이다. 인사 담당과는 그 후에도 얼굴을 마주할 가능성이 크므로 현실 원칙을 생각하면 대답②는 바람직하지 않다. 악질적인 상사가 권력을 이용해서 괴롭히는 경우도 있으므로 꼭 녹음을 하고 싶다면 아무 말도 하지 말고 조용히 보이스레코더를 들고 가서 녹음해 놓는 편이 좋다.

다른 사람을 협박하거나 모욕을 주는 것은 삼가는 편이 현명하다. 《마키아벨리 어록》에 나오는 구절처럼 "이 두 가지 행위는 모두 상대에게 해를 주는 데 아무런 도움도 되지 않기" 때문이다. 또한 "협박은 상대의 경계심을 키울 뿐이며, 모욕은 지금 이상으로 상대의 적의를 부추길 뿐"이다. 상대에게 실질적인 해를 주지 못하며, 자신에게도 득이 되지 않는다.

얼마 전에 임신을 했다는 이유로 승진 심사에서 떨어진 여성이 회사를 상대로 소송을 제기해 결국 승소한 사례가 있었다. 이처럼 본격적으로 싸울 의지가 있다면 이야기는 또 달라지지만, 이 경우 원한을 사서 '다른 형태로 보복을 당할' 위험성도 있다. 요컨대 이 인사 담당자가 다른 건에서 훼방을 놓을지도 모른다는 말이다.

대답①처럼 겉으로는 "하늘이 준 선물이라……." 하는 식으로 가볍게 흘려 넘기고, 녹음은 몰래 해놓았다가 나중에 정말 불이익을 당했을 때 증거로 사용하는 편이 좋지 않을까 싶다.

사례3:
여자라서 편해서 좋겠다고?!

"여자는 편해서 좋겠네."
남자 동료가 종종 이렇게 말한다. '남성 상사에게 잘 보이기만 하면 된다.'든가 '언제라도 그만둘 수 있기' 때문이라고 한다.

대답①: "여자라고 편하지는 않아. 여자는 여자대로 힘든 일이 많거든."
대답②: "나는 네가 부러워. 일은 못 하지만 월급은 꼬박꼬박 나오잖아."

대답③: "……."(아무 말도 하지 않음)

이것은 '선망형'의 예다. 다른 사람이 자신보다 이익을 보고 있다고 생각하면 화나서 트집을 잡고 싶어 하는 사람들이 있다. 타인보다 자신이 행복한지, 타인보다 자신이 혜택 받은 환경에서 살고 있는지, 타인보다 자신이 급여를 더 많이 받고 있는지 등등을 신경 쓰며, 타인이 자신보다 이익을 보고 있다는 생각이 들면 이를 용납하지 못한다. 타인과의 비교를 통해서만 자신을 확인할 수 있는 불쌍한 사람들이다.

이 님싱은 '여성은 자신보다 편하다.'라고 믿으며 여성에게 선망을 느끼고 있다. 물론 이런 말을 들으면 분노할 것이다. 그러나 이 남성이 실질적으로 해를 끼친 것은 하나도 없는데, 그럼에도 대답 ②처럼 "일은 못하지만……."이라고 말해 버리면 설령 그것이 사실이라 한들 상대 또한 울컥하기 때문에 당신에게 정말로 해를 끼치는 사람이 되어 버릴 수 있다.

실질적인 해는 없으므로 대답①이나 ③처럼 적당히 흘려 넘기는 편이 좋을 것이다. 이때 "여자는 여자대로 힘든 일이 많아."라며 상대에게 부러워할 가치가 없음을 어필하면 앞으로 해를 입을 일이 더욱 줄어들 것이다.

사례4:
이런 일은 한 적 없다고
자꾸 떠넘기는 동기

태연한 표정으로 "저희 부서는 그런 업무를 해 본 적이 없는데요."라며 업무를 남에게 떠넘기는 동료 때문에 화난다.

대답①: "걱정하지 마세요. 누구나 처음은 있기 마련이니까. 이번에 해 보면 되겠네요!"
대답②: "저희 부서에서 한다고 치고, 그렇다면 저희는 뭘 얻을 수 있는 겁니까?"

이것은 '부정형'의 예다. 본인의 정당화를 위해 "해 본 적이 없다."라는 말로 자신의 무능력함을 부인하려는 것이다. 또한 남에게 떠넘기면 자신은 그 일을 하지 않아도 된다고 생각하는 '이득형'이기도 하다.

대답①에서 "누구나 처음은 있기 마련이다."의 핵심은 상대가 반론할 수 없는 정당성이 있다. "해 본 적이 없다."라는 말로 업무를 거절하는 신입사원이 있는가? 없을 것이다. 어떤 업무든 처음에는 생소하지만 경험을 쌓으면서 익숙해지는 것이기 때문이다. 이렇게 말하면 상대도 거절하기가 어려워진다.

대답①이 상대를 치켜세우는 교섭이라면, 대답②처럼 자신에게 이익이 없음을 상대에게 알리는 방법도 있다. 당신의 부서에는 이익이 있을지 모르지만 우리에게는 이익이 전혀 없으니 불공평하지 않느냐는 메시지를 암묵리에 전하는 것이다. 이렇게 대답함으로써 상대의 핑계가 얼마나 어처구니없는 것인지를 알리도록 하자.

여전히 버릇없는 후배에게
전략적으로 화내는 법

　언제까지 부하로 후배로만 직장 생활을 할 수만은 없다. 언젠가는 후배가 생기고 당신도 선배가 된다. 아무리 세월이 흐르고 세대가 바뀌어도 변하지 않는 사실이 있다. 기성세대가 신세대를 '요즘 애들 버릇없다'라고 생각하는 것이다. 그리하여 요즘 상사들은 젊은 부하에게 이런 말을 듣는다. "이건 제 담당이 아닌데요.", "이런 일을 제가 왜 해야 합니까?", "오늘 선약이 있어서 회식에는 참석하지 못 할 거 같아요."

　듣자마자 화가 목구멍까지 치밀어 쏘아붙이고 싶지만, 옛날처럼 상사 눈치를 봐야 살아남는 시대가 아니기 때문에 참게 된다. 다음에는 서로 처지가 바뀐 사례를 살펴보자. 사례1부터 4까지는 부하 직원 때문에 생기는 분노와 그에 대한 전략을 정리했다.

사례1:
여러 번 설명했는데 어떻게
이렇게 엉망으로 자료를 만들 수 있어?

"프레젠테이션 자료가 완성됐습니다!"

부하 직원이 이렇게 말하며 자료를 들고 와서 살펴봤는데, 어떻게 이런 예산과 스펙이 되는 지 알 수가 없다. 시간을 내서 사정과 배경을 몇 번씩이나 설명해 줬는데, 매번 이렇게 이해할 수 없는 자료만 만들어 온다. 자료를 잘못 만들면 내가 책임을 져야 한다고!

대답①: "내가 설명했던 것과 논점이 전혀 다르군. 어떻게 이런 자료가 만들어진 건지 내가 이해할 수 있도록 차근차근 설명해 주겠나?"

대답②: "이 자료로는 상대에게 논점을 알리기가 어렵겠어. 아무래도 내가 이해하기 어렵게 설명한 것 같군. 어떤 부분이 이해가 잘 안 되는지 알려 주겠나?"

아마도 이 부하 직원은 프레젠테이션에서 무엇이 가장 중요한지 우선순위를 알지 못했던 듯하다. 자신이 할 수 없음을 인정하고 싶어 하지 않는 '부인형' 심리 때문에 지적을 순순히 받아들이지 못하는 것이다.

그렇다면 분노를 어떻게 전해야 좋을까? 대답①처럼 논점이 '전혀' 다르다는 표현은 서로에게 아무런 이익도 되지 않는다. 어떤 부분이 틀렸는지 하나하나 설명한다면 부하 직원을 이해시킬 수 있겠지만, 부하 직원이 '자존심에 상처를 입었다'며 앙심을 품어서 이후의 인간관계가 악화될 수 있다. 이럴 때는 대답②처럼 자신의 설명 방식에도 문제가 있었다고 말하며 자세를 낮추면서 상대의 자존심을 지켜줄 필요가 있다. 이미 상사에게 실수를 지적당한 시점부터 부하 직원의 자존심은 상처를 입었다. 아무리 상사의 행동이 옳다고 해도 '설명 방식에 문제가 있었다'라는 한마디를 덧붙인다면 이후의 전개가 원활해진다. 상사로서는 부하 직원이 프레젠테이션 자료를 대충 만들면 업무가 진행되지 못해 곤란해지므로, 우선순위를 명확하게 설명하는 것은 결국 자신을 보호하는 결과로 이어진다.

이것은 앞에서 소개한 사례와 처지가 정반대인 상황이다. 상사와 부하 직원 모두 상대방을 이해할 수 없다는 데서 분노를 느낀 것이다. 이 사례처럼 처지를 바꿔서 생각해 보면 서로의 기분을 상상할 수 있으니 실천해 보기 바란다.

몇 번이나 주의를 줬는데도 반말로 말하는 후배. 그래 놓고는 "난 원래부터 그런 식이라서."라니, 짜증나니까 그런 핑계로 어물쩍 넘어가지 말아 줬으면 좋겠거든!

대답①: "그래도 연장자하고 대화할 때는 말투에 신경을 쓰는 편이 너를 위해서도 좋아."

대답②: "네가 원래부터 그런 식이든 말든 내가 알 바 아니니 그러지 말아 줬으면 좋겠는데?"

이것도 자신이 경어를 사용하지 못한다는 결점을 인정하고 싶어 하지 않는 '부인형'의 예다. 선배나 연장자에게 경어를 사용하는 것은 상식이자 예의다. 그 간단한 예의조차 지키지 못하는 자신의 결점을 부인하고 싶은 것이다.

이것도 실질적으로 해를 주지 않으니 흘려 넘겨도 상관없지만, 자신이 무시당한다고 느껴서 화내는 사람도 있을 것이다. 이처럼 해를 입히지는 않지만 그럼에도 분노를 느꼈고 그 분노를 표명하고 싶다면 대답①처럼 "너를 위해서"라는 말을 사용하는 것이 좋다. 이 경우 사실은 '연장자=자신'이지만, '내가'가 아니라 '모두'라는 일반론으로 치환하는 것이 중요하다. 그럼으로써 자신이 실질적인 해를 입는 사태를 방지할 수 있다. 정면으로 대들지는 않지만 뒤에서 험담을 해 나쁜 소문을 퍼뜨리는 경우도 있으므로 원한을 사지 않는 것이 최선이다. 일반론으로 치환한 다음 "너를 위해서도' 좋지 않아."라고 말하면 완벽하다. 어쩌면 상대가 당신에게 고마워할지도 모른다.

대답②는 당장은 속이 시원할지도 모르고 선후배라는 위치상 후배가 정면으로 대들지는 않을 것이다. 그러나 자칫하면 "그 선배 말인데, 진짜 속이 좁더라." 등등, 마치 당신의 성격에 문제가 있는 것처럼 소문을 퍼뜨릴 위험성이 크므로 삼가는 편이 좋다.

사례3:
같은 실수를 저질러서 지적했더니
모르는 일이라고?

계속해서 같은 실수를 저지르고, 실수를 지적하면 "저는 모르는 일인데요."라며 시치미를 떼는 후배에게 분노가 치밀었다.

대답①: "같은 실수를 계속 반복하면 사람들은 네가 실수를 고치려는 마음이 없다고 생각할 거야. 그러니까 너를 위해서도 고치는 편이 좋아."
대답②: "(네 실수 때문에) 업무가 크게 정체되어서 곤란한 상황이야. 어떻게 처리해야 할지 S과장님과 의논해 봐야겠어."

이것도 '부인형'의 예다. 역시 자신의 실수를 인정하고 싶지 않은 마음에서 시치미를 떼는 것이다. 처음 저지른 실수라면 평범하게 주의를 주고, 같은 실수를 두 번 했다면 대답①처럼 지적하는 편이 좋을 것이다. 앞에서도 이야기했듯이 "다른 사람들이 이렇게 생각할 거야."라고 일반화한 다음 "너를 위해서야."라고 말하자.

그러나 이후에도 같은 실수를 저지른다면 업무를 가볍게 생각해서 고칠 마음이 없거나 주의력이 부족하기 때문일 것이다. 업무에 지장이 생기면 곤란한 쪽은 당신이다. 그렇기에 대답②처럼 더 높은 상사가 주의를 주도록 유도하는 것이 좋다. 다만 단순히 상사에게 주의를 주도록 촉구하기만 해서는 당신이 상사에게 자신의 실수를 일러바쳤다는 인식을 후배에게 주고 만다. '상담'이라는 형태를 취하는 등 적절한 방법으로 알리자.

사례4:
자꾸 지각하고 결석하는 알바생

음식점의 점장으로 일하고 있는데, "오늘은 쉴게요. 아이가 열이 나서……" 와 같은 이유를 대며 빈번히 근무를 빠지는 파트타이머가 있어서 난감한 상황이다. 지금은 요식업계가 하나같이 일손 부족에 시달리는 시대라 그만둬서도 곤란하지만, 적어도 근무 일정은 좀 더 성실하게 지켜 줬으면 좋겠다. 그럴 때마다 내가 대신 들어가서 빈자리를 메워야 해서 화난다!

대답①: "아이들은 갑자기 열이 날 때가 있죠. 걱정되시겠어요. 그런데 열이 나는 경우가 너무 잦은 것 같으니 병아보육 같은 것을 검토해 보시는 건 어떠신가요."

대답②: "이런, 걱정이 크시겠어요. 그런데 오늘 나오실 수 없다면 아는 분 중에 오늘만 대신 일 해 줄 수 있는 괜찮은 분이 없을까요?"

대답③: "이번이 마지막입니다. 다음에도 또 이럴 것 같으면 차라리 그만두세요."

이 파트타이머는 자신 때문에 가게가 곤란을 겪게 된다는 것을 알지 못하고(신경 쓰지 않고) 자신이 쉬고 싶으면 쉬어 버리는 '이득형'이다. 결국 이 사람은 앞으로도 계속 이럴 것이므로 대답①처럼 누군가가 아이를 대신 간호하게 하거나 대답②처럼 대신 일해 줄 사람을 소개하는 등의 대안을 제시하도록 하는 것이 가장 좋다. 그만둬도 상관이 없다면 대답③처럼 으름장을 놓을 수도 있지만, 원한을 살 위험성이 있다.

대답①이나 ②로는 대응이 미온적이라고 생각되거나 문제가 전혀 개선되지 않는다면 "가게의 규정상 다음에도 이런 일이 있으면 시급을 깎을 수밖에 없습니다."라고 말하는 것도 효과적이다. 점장의 독단이 아니라 가게의 규정상 감봉이 결정되었다고 말하면 적의가 자신을 향하는 상황을 방지할 수 있다.

4장

식구끼린데
화내면 좀 어떠냐고?

- 일상생활 편 -

66

자식은 우리에게서 얻어간 만큼 베푼다.
(이 과정에서) 우리는 더 깊게 느끼고,
질문하고, 상처받으며, 사랑하는 사람이 된다.

_소니아 타잇츠

99

결혼 후 배우자 가족에게
전략적으로 화내는 법

    가족, 친척, 이웃, 자녀 친구의 어머니 등 자신의 마음대로 관계를 끊기가 어려운 사적인 관계에서 느끼는 분노를 소개하겠다.

    비즈니스 편은 기본적으로 이해관계를 통해서 성립되는 인간관계인 까닭에 효율이나 이익을 명확히 함으로써 해결할 수 있는 경우도 많았지만, 일상생활 편은 상황이 조금 다르다. 여기에서는 적절하게 흘려 넘김으로써 분노를 표명하는 것이 중요하다. 흘려 넘기기만 해서는 분노를 표현했다고 말할 수 없으며 달라진 것이 하나도 없지 않느냐고 의문을 품는 사람도 있을지 모른다. 그러나 적절하게 흘려 넘김으로써 상대의 공격에 타격을 받는 사태를 피하거나 줄일 수 있다. 이 또한 훌륭한 분노 표명 방법이다.

친구와 관련된 트러블은 일부러 싣지 않았다. 친구에게 견딜 수 없는 분노를 느꼈다면 앞으로는 만나지 않는 편이 서로에게 도움이 된다고 생각한다. 인생의 단계가 바뀌면 가치관이 변하는 것은 당연한 일이다. 특히 여성은 아이가 태어나면 생활이 크게 변화하는 경우가 많다. 지금까지의 우정에 집착하지 말고 조금 거리를 두는 편이 좋을 것이다. 진짜 친구라면 또 언젠가 인연이 닿게 된다.

부모나 형제자매 때문에 생긴 분노는 다른 어떤 경우보다 더욱 깊은 상처를 남긴다. 가족이라는 특성상 서로 모른 체할 수도 없고 잊어버리기 쉽지도 않다. 특히 남자와 여자가 만나 새로운 가정을 이루어 살면서 새로운 관계에서 받는 상처와 분노는 처리하기 더욱 까다롭고 난감하다.

다음 사례1에서 8까지는 가족 때문에 받는 분노와 대처 방법을 정리했다. 당신이 나쁜 사람이어서 가족에게 화나는 게 아니다. 누구에게나 그런 감정은 자연스럽게 찾아온다. 다음 사례를 보며 서로의 분노를 이해해 보자.

"빨리 손자의 얼굴을 보고 싶구나.", "너는 우리 집안의 대를 이어줄 아들을 꼭 낳아 줘야 해!"

귀성할 때마다 이렇게 압박을 넣는 시어머니 때문에 참으로 난처하다.

대답①: "저도 걱정이어서 검사를 받아 봤는데 아무런 문제도 없대요, 이 서방은 아직 검사를 안 받았지만요."

대답② "저도 빨리 보고 싶네요."

이것은 '이득형'의 예다. 나이도 먹고 시간 여유도 생겼으니 이제 자신의 DNA를 남기고 싶다, 귀여운 손주를 안아 보고 싶다는 마음이다. 일정 연령에 도달하면 근처의 지인들이나 친구에게 "손자는 아직?" 같은 말을 들을 때도 많아지기 때문에 한층 손자를 원하는 마음이 강해진다. 그래서 "빨리 손자를 보고 싶구나."라고 며느리에게 말하는 것이다. 때에 따라서는 '집안의 대를 이어줄 아이가 없으면 곤란하다.'라든가 '앞으로 우리 집안의 묘지를 누가 돌봐준단 말인가?' 등 집안 사정이 있는 사람도 있다.

이와 같은 무신경하고 상대를 생각하지 않는 발언에 화나는 사람도 많겠지만, 기본적으로는 흘려 넘긴다면 실질적인 해는 없다. 핵가족이 증가하고 있는 오늘날, 멀리 떨어져서 살고 있는 시어머니가 이런 말을 하더라도 대부분은 생활에 영향을 받지 않을 것이다. 그러므로 대답②처럼 시어머니의 말을 따라 하며 흘려 넘기는 편이 좋다.

다만 시어머니의 성격이 불같거나 함께 살고 있는 등 각 가정의 개별적인 사정으로 심한 압박감을 느낀다면 대답①과 같이 남편, 즉 당신의 아들에게 문제가 있음을 은근슬쩍 지적하는 방법도 있다. 시어머니와의 관계는 다소 악화될지도 모르지만, 정신적으로 병드는 것보다 훨씬 낫다. 상대는 아무 말도 하지 못하게 될 것이다.

그 밖에도 비즈니스 편에서 사용한 '자신이나 상대보다 더 윗사람이 주의를 주도록 유도하는' 방법을 응용해 보자. 남편이 부부의 인생 계획을 시어머니에게 확실히 전하게 하는 것도 효과적인 방법이다.

사례2:
집 살 때 계약금을 주신 건
같이 살기 위한 시어머니의 계략?

오랜 꿈이었던 내 집을 마련해 남편과 아이 두 명, 이렇게 네 식구가 즐겁게 살기 시작했을 때였다. 근처에 사는 시어머니가 갑자기 같이 살고 싶다는 이야기를 꺼냈다. 분명히 집을 살 때 시댁에서 계약금을 일부 지원 받기는 했지만, "둘이서 애쓰는 걸 보니 도와주고 싶구나.", "생전 증여 같은 것이란다."라는 말에 안심하고 있었다.

아주버니도 근처에 살고 있지만 지원을 받지 않았던 모양이어서, 남편에게 "어머니가 함께 살고 싶어 하신다면 네가 모시고 살아야지."라고 말했다고 한다. 이 때문에 남편은 벌서 포기한 분위기다. 속은 것 같아서 분노가 치민다. 이럴 생각이셨으면 처음부터 말씀을 하시라고요!

대답① : "어머니, 집을 살 때 계약금을 도와주신 건 정말 고맙게 생각해요. 하지만 저희와 같이 살고 싶다는 이야기는 처음 듣기도 하고 이건 계약금과는 별개의 문제예요. 저희뿐만 아니라 아주버님도 함께 모여서 이야기를 나눠 보도록 해요."

대답② : "그런 말씀 하신 적 없잖아요! 이러실 거면 지원해 주신 돈 필요 없어요. 몇 년이 걸리더라도 돌려드릴게요!"

이것도 '이득형'의 예다. 노후가 불안했던 시어머니는 같이 살고 싶다고 했을 때 거절하지 못하게 하려는 생각으로 계약금을 지원해 준 것인지도 모른다. 백화점 등에서 시식품을 먹으면 무의식중에 대가를 치러야 한다는 생각이 들어서 그 상품을 사는 사람이 많다. 이와 마찬가지로 사람은 빚을 졌다고 생각하면 심리적 부담을 느끼기 때문에 어떤 식으로든 그 빚을 갚아야 한다고 생각한다. 이 경우도 계약금을 지원 받았으니 어떤 형태로든 갚아야 한다고 생각하는 이 부부의 심리를 이용한 것이다. 세상에 공짜는 없다. 아니, 공짜보다 비싼 것은 없다.

시어머니가 계약금과 동거를 연결시켜서 압박한다면 대답①처럼 이것과 그것은 별개임을 명확히 하고 어디까지나 동거 문제만을 교섭하는 편이 좋을 것이다. 그 결과 함께 살게 된다고 해도 아주버니의 지원을 받는 등 현실원칙에 입각해서 최대한 유리한 조건을 이끌어 내자.

대답②처럼 계약금을 돌려주겠다며 격렬하게 맞서면 시어머니뿐만 아니라 아주버니 부부와도 관계가 악화될 것이다. 다만 그럴 각오가 되어 있다면 실제로 반칙을 한 쪽은 시어머니이므로 그 점을 지적하고 동거를 거부한다는 선택지도 있다.

사례3:
볼 때마다 아이 옷부터 내 물건까지
달라는 뻔뻔한 시누이

"그거, 이제 필요 없으면 제게 주세요!"

아이의 옷부터 내 물건까지 무엇이든 달라고 조르는 뻔뻔한 시누이 때문에 화난다.

대답①: "미안해요. 이건 이미 친구에게 주기로 약속을 해서……."

대답②: "이런 고물을요? 너무 오래 써서 너덜너덜해진 거라 제가 미안해서 드릴 수가 없네요."

대답③: "사실 상태가 좋은 건 중고 거래로 팔고 새 옷을 샀어요. 아이를 키우는데 돈이 참 많이 들어가네요."

이것도 '이득형'의 예다. 대답①처럼 회피하는 것도 상대방의 감정을 상하지 않게 하기 때문에 좋은 대응이다. 또한 대답②처럼

"이런 고물", "미안해서" 같은 말로 겸손을 떨어 상대방의 자존심을 자극하면서 흘려 넘기는 방법도 좋다. '이런 너덜너덜한 고물을 아 가씨네 아이가 입는다면 제 마음이 편치 않을 거예요.'라는 마음을 담아서 과장되게 말해보기 바란다.

그러나 계속 조를 것 같다면 대답③처럼 표현하는 것도 좋다. 상 대는 이익을 추구하고 있으므로 자신에게 필요 없는 물건이 아님 을 명확하게 알리자. 그 물건을 통해서 자신이 얻는 이득을 어필함 으로써 상대가 원하는 대로는 해줄 수 없음을 이해시키는 방법도 있다.

다만 시누이를 상대할 때는 최대한 주의하자. 물론 시어머니를 상대하는 것도 어려운 일이지만, 시누이는 대개 나이와 처지가 비 슷한 까닭에 라이벌 의식이나 선망 등이 개입해 관계가 복잡해지 는 경우가 많기 때문이다. 올케라면 몰라도 시누이는 시어머니와 공동 전선을 펼치기도 하니 골치 아픈 존재가 되지 않도록 전략적 으로 상대하기 바란다.

사례4:
본인 덕이라면서 내가 하는 건
왜 자꾸 부정하는 거야?

"너는 내 덕분에 먹고 살 수 있는 거야."

걸핏하면 이렇게 말하는 남편. 한번은 언젠가 제빵 교실을 열고 싶다는 생각에서 학원에 다니려 했지만, 남편에게 "그런 걸 한들 가계에는 한 푼도 보탬이 안 돼.", "제빵 교실을 연다고? 네 능력으로는 무리니까 일찌감치 포기해."라는 말을 듣고 자신감이 사라져서 그만뒀다.

"너를 소중하게 생각하니까 솔직하게 말해 주는 거야."라지만, 내 가치를 인정해 주지 않는 남편에게 매일같이 모욕당하는 것도 이제 신물이 난다.

대답①: "집안일과 육아는 대체 누가 하고 있다고 생각하는 거야? 혼자서는 무엇 하나 제대로 하지 못하는 주제에 잘난 척 좀 그만해."

대답②: "그러게 정말로 모든 것이 당신 덕분이야. 항상 고맙게 생각하고 있어."

대답③: "맞아, 내가 없어도 당신은 아무런 문제없이 살 수 있을 거야. 다행이네. 다음 주에 잠시 친정에 갔다 올게."

　이것은 '자기애형', 그중에서도 타인을 통제함으로써 그 자리를 지배해야 직성이 풀리는 '조작 지배형'의 전형적인 예다. 이 유형은 상대를 내려다보고 아픔과 괴로움을 이해하려 하지 않는다. "너를 위해서 그러는 거야."라고 말하면서 상대를 자기 뜻대로 움직이도록 만듦으로써 우위에 서려고 한다. 자신은 옳고 아무 문제도 없다고 믿기 때문에 일이 잘 풀리지 않으면 전부 타인의 탓으로 돌린다. 또한 자신이 필요할 때만 "곤란할 때일수록 부부가 서로 도와야 해." 같은 정론을 늘어놓으며 상대에게 자신이 해야 할 일을 시키려 한다.

　이런 사람은 자신이 모욕당하는 것은 견디지 못하기 때문에 대답①처럼 똑같은 수준으로 받아치면 크게 화낸다. 대답②처럼 흘려 넘기면서 띄워 주는 것은 좋은 대응이기는 하지만 마냥 이런 식으로 대범하게 대응할 수만은 없는 노릇이다. 그렇다고 계속 자세를 낮추면 상대의 태도가 점점 더 심해질 가능성도 있다.

　그런데 사실은 이렇게 상대를 자신의 뜻대로 움직이려 하는 사람일수록 겁이 많으며 타인을 두려워한다. 그러니 대답③처럼 남편의 약점을 파고듦으로써 상대의 지배에서 벗어나자. 항상 상대가 원하는 대로 움직이지 않는다는 것을 보여주는 것은 매우 중요한 일이다. "아이 때문에 거스를 수가 없어."라며 마치 아이가 인질로 잡힌 것처럼 말하는 사람도 있는데, 시키는 대로 행동할수록 더더욱 당신을 지배하려고 할 것이다. 현실원칙에 따라서 적절하게 되받아쳐야 한다. 남편을 유심히 관찰해 약점을 찾아내기 바란다.

사례5:
몇 번을 말해도
빨랫감을 뒤집어서 내놓는다

그러지 말라고 몇 번을 말했는데도 빨랫감을 뒤집힌 채로 세탁기에 넣는 남편. 평소에는 그래도 참을 수 있지만, 피곤할 때는 정말 짜증이 난다. 나도 회사 일이 있어서 바쁜데 그 정도는 신경을 써 줬으면 좋겠다!

대답①: "다음에 또 뒤집힌 채로 집어넣으면 한 번 걸릴 때마다 벌금으로 100엔씩 받을 줄 알아."
대답②: "친구네 남편은 돈도 더 잘 벌고 집안일도 잘 도와준다는데 당신은 이게 뭐야!"

판단하기가 쉽지 않지만, 이것은 '자기애형'의 예다. 몇 번을 말해도 고치지 않는 것은 남성에게는 '남자의 자존심'이라는 것이 있기 때문이다. 아내의 말대로 행동을 고치면 '남자의 체면이 서지 않는다', '집안에서 자신의 지위가 떨어진다'라는 생각이 무의식 속에 있기 때문에 계속 지적을 받으면 더더욱 고집을 부리는 것이다. 그러므로 대답②처럼 다른 사람과 비교하며 깎아내리는 것은 최악의 방법이다. 자존심에 상처를 입지 않도록 주의하면서 말을 해야 정말로 전하고 싶은 메시지를 전달할 수 있다.

여기에 남편은 이 행동을 고치면 또 다른 행동도 고치라는 말을 듣지 않을까 하고 불안하게 생각한다. 이를테면 용돈이 줄어들거나 술 마시러 가는 것을 제한당하고 싶지 않다는 '보신'을 동반한 '이득형'이기도 하다.

여성인 나는 '남자의 자존심'을 가볍게 생각했다가 당황한 적이 여러 번 있었다. 이것은 젊은 시절에 있었던 일인데, 시댁에 갔을 때 남편이 시부모에게 "이제 제 월급이 더 많아요."라고 자랑스럽게 이야기하는 것을 듣고 깜짝 놀랐다. 당시 대학병원의 의사였던 남편은 외부 병원에서 열심히 아르바이트를 해서 수입이 나보다 많아진 것이 어지간히 기분 좋았던 모양이었다. 다만 이것을 반대로 생각하면 남편은 그전까지 나보다 급여가 적은 것이 은근히 신경 쓰였다는 뜻이기도 하다.

나는 가계부도 쓰지 않고 돈은 더 많이 가진 쪽이 내면 된다는 식으로 생각하는 등 경제관념이 약한 사람이다. 남편보다 수입이 많은 것을 의식적으로 자랑한 적은 없었지만, 그럼에도 남편의 자존심에 상처를 입혔다는 것을 깨달았다.

이처럼 여성이 봤을 때는 '설마 이런 것에 신경을 쓴다고?'라고 생각하는 것이 남성에게 큰 가치를 지니는 경우가 있다. 설령 아내가 가볍게 놀리려는 생각으로 대답②처럼 말했다 하더라도 타인과 비교당한 남편은 심한 상처를 받고 분노를 느끼게 된다. 이것은 바꿔 말하면 남성은 출세나 급여에 긴해 심한 압박감을 받고 있다는 의미이다. 함부로 '남자의 자존심'에 상처 입혀서는 안 된다. 이것은 남성 대 남성의 사이에서도 마찬가지다.

다시 한번 말하지만, 타인을 바꾸는 것은 어려운 일이다. 무리라고 생각하는 편이 좋을 것이다. 아내가 주의를 줘서 그때는 행동을 고치더라도 결국 남편은 다시 똑같은 행동을 할 것이다. 그러므로 여기에서는 대답①의 '벌금 100엔'을 모아서 케이크라도 사 먹으며 분노를 발산하는 편이 좋다. 분노라는 감정의 상류로 거슬러 올라가면서 동시에 대중 요법으로 자신의 욕구를 만족시키는 하나의 예로 볼 수 있다.

남편의 유형에 따라서는 "누구 마음대로 벌금이야!?"라며 화를 내는 사람도 있을지 모른다. 혹여 남편이 벌금을 내지 않더라도 아내 스스로 화났다는 것을 표현하는 효과는 있다.

사례6:
주말엔 좀 쉬고 싶은데,
자꾸 일시키는 아내

자기는 전업주부이면서 주말에 내가 좀 쉬고 있으면 "가끔은 집안일 좀 도와주면 안 돼?"라며 화내는 아내. 평일에는 일하느라 피곤하니 휴일 정도는 좀 쉬게 해 달라고!

대답①: "그럼 주말에는 둘이 같이 쉬자."
대답②: "그럼 집안일을 도와줄 테니 그 대신 내 업무도 도와주는 거다. 알겠지?"

이것은 자신도 쉬고 싶다고 생각하는 '이득형'의 예다. 이런 아내의 태도에 난처함을 느끼는 남성도 많을 것이다. 환자 중에도 같은 문제로 상담을 구하는 사람이 종종 있다. 평일에는 회사에서 일하느라 피곤하고, 주말에는 이것 좀 해 달라 저것 좀 해 달라는 아내의 잔소리에 정신적으로 쉴 여유가 없다고 한다.

이 경우, 아내는 자신도 힘들다는 것을 남편이 알아줬으면 하는 마음에서 이렇게 말한 것이다. 그러므로 대답②는 좋지 않다. 현실적으로 남편의 업무를 도와줄 수 있는 아내는 거의 없다. 마치 자신을 바보 취급한다고 생각해 부부싸움을 벌이게 될 것이다.

대답①의 "둘이 같이 쉬자."는 좋은 제안이다. 그 응용 편으로 "너도 피곤할 텐데, 가끔은 부모님에게 아이를 맡기고 우리끼리 데이트라도 할까?", "둘이서 같이 아이를 보자." 같은 대답도 추천한다. 이런 대답의 포인트는 "너도", "둘이서 같이"라는 말이다. '너도 피곤하겠지만 나도 피곤해.'라는 것을 은연중에 표현하는 말이며, 상대를 세심하게 배려하는 것처럼 들리기도 한다.

사람이 분노를 느끼는 원인 중 하나는 '상대가 알아줬으면 좋겠는데 알아주지 않는다.'라는 생각이다. 요컨대 '서로를 이해하지 못함'인데, 이것은 다시 말해 상대가 자신을 이해해 준다면 분노가 가라앉는 부분도 있다는 뜻이다. 아내에게 "네가 힘든 건 잘 알고 있어."라는 메시지를 적절하게 전할 수 있다면 아내의 태도가 상당히 부드러워질지도 모른다.

다만 그러려면 말로만 끝내서는 안 된다. 이를테면 "다음 토요일에는 내가 아이를 돌볼게."라고 말하고 하루 동안 아이를 돌봐준 다음 "정말 힘들었어. 새삼 당신이 고맙게 느껴지더라. 앞으로도 한 달에 한 번은 내가 아이를 돌볼게." 같이 말해 보자. 정말로 한 달에 한 번 아이를 돌보는 것으로 아내의 불만을 누그러뜨릴 수 있을지도 모른다. 지금보다 조금은 휴일이 줄어들겠지만 아내와 기분 좋게 지내는 편이 장기적으로 이익이니 '약간의 손해를 봄으로써 큰 이익을 본다.'는 생각으로 교섭하는 것이 중요하다.

사례7:
하는 것마다 부정해서
뭐라 하면 울어버리는 데

"당신한테 그 넥타이는 어울리지 않아."

"얼마 전에 우리 집에 왔던 당신 친구 말이야, 빈손으로 오다니 조금 비상식적이었어. 그런 사람하고는 가까이하지 않는 편이 좋지 않겠어?"

등등 언제나 나를 부정하는 아내 때문에 미칠 것만 같다. 그렇다고 해서 "내 일은 내가 알아서 할 테니 좀 내버려 둬!"라고 반박하면 금방 "난 당신을 생각해서 한 말인데 너무해……"라며 눈물을 글썽이기 때문에 더 말을 할 수도 없다.

대답①: "항상 내 생각만 해줘서 정말 고마워. 당신은 좀 더 당신 생각을 해도 돼."

대답②: "웃기는 소리. 나를 위해서라고 하지만 항상 자기가 만족할 결과만을 추구하잖아? 당신은 자기중심적인 인간이야."

이것도 앞의 사례와 마찬가지로 '자기애형', 그중에서도 타인을 통제함으로써 그 자리를 지배해야 직성이 풀리는 '조작 지배형'의 예다. 게다가 자신이 그 자리를 지배하려 한다는 것을 깨닫지 못하고 있기 때문에 더 문제가 심각하다. 자기애가 강한 탓에 자신은 남편을 생각하는 상냥한 사람이라고 믿고 있어서 무의식중에 상대를 상처 입히고 파괴한다.

대답①처럼 치켜세우는 것도 '자기애형'에게는 효과적이다. 아내는 "우리 남편이 나한테 이렇게 말해 줬어."라며 주위 사람들에게 자랑할 수 있고, 이런 멋진 남편을 뒀다는 데 황홀감을 느낄 것이다. 다만 자신의 '무의식적인 공격'은 여전히 깨닫지 못한다.

이 남편은 상대방의 바람에 최대한 부응해 주려 하는 마음 좋은 사람일 것이다. 반대로 이것은 태만이나 허영심과 밀접한 관계다. 분노를 표명하기가 귀찮거나 주위 사람들이 상상하고 있는 행복한 가정의 모습을 망치기가 싫어서 참는 것일 가능성도 있다. 그러나 이대로 내버려 두면 이 남편은 아내에게 계속 지배당할 것이며, 언젠가는 억압되었던 분노가 폭발해 버릴 것이다. 그러니 대답②처럼 의연하게 지적해 주기 바란다.

사례8:
딱 한 번이었어
이제 그만 좀 화내라고

아내와 결혼한 지도 어느덧 30여 년. 30대일 때 딱 한 번 바람을 피웠다가 아내에게 들킨 적이 있다. 당시는 크게 갈등을 빚었지만 필사적으로 빌어서 간신히 용서를 받았다.

그리고 이제는 아이가 성인이 되어 독립하고 나도 정년퇴직해 부부끼리 즐겁게 살 일만 남았다……고 생각했는데, 최근 들어 아내가 걸핏하면 "내가 아이를 키우느라 제일 힘들 때 바람이나 피우고 말이야!"라며 당시의 일을 끄집어낸다. 나로서는 '이제 와서 그런 말을 해도……'라는 생각에 당황스럽기도 하고 '그때 사과했잖아.'라는 생각에 화도 나지만, 요즘 아내는 흥분하면 아무것도 하지 못하는 상태가 되어서 내가 집안일을 해야 할 때도 많기 때문에 이러지도 저러지도 못하고 있다.

대답①: "당신이 많이 힘들 때 바보 같은 짓을 해서 정말 미안해. 막 출세하기 시작했을 때여서 나도 우쭐해져 있었어. 그때 몫까지 합쳐서 더 잘해 줄게."

대답②: "도대체 언제까지 그 얘기를 할 거야? 지겹지도 않아? 자꾸 그러면 또 바람피우고 싶어질지도 모른다고."

특히 60세 전후의 여성은 전업주부의 비율도 높고 가정에서 남편에게 순종해야 한다고 교육받았던 세대다. 그런 만큼 분노를 가슴속에 억누르고 살아 온 사람도 많다. 오랜 세월에 걸쳐 쌓아 온 남편에 대한 분노의 크기에 의사인 나도 깜짝 놀랄 때가 있을 정도다. 이 남편에게는 다 끝난 일이지만 아내는 오랫동안 쌓여 있던 원한을 풀지 않고는 견딜 수가 없었을지도 모른다.

아내는 자신이 힘들었던 시기에 남편이 바람을 피웠다는 사실을 알고 있으므로 평생이 지나도 그 분노를 잊지 못한다. 집안일도 할 수 없는 상황이라면 어떤 의미에서 아내의 복수인 것이다.

이 경우 대답①처럼 상대의 기분에 맞춰 주는 수밖에 없다. 어떻게 한들 절대 잊어 줄 리가 없으므로 "당신이 화내는 것도 당연해." 라고 공감하는 마음을 표현하기 바란다. 그래서 아내가 집안일을 해 주게 된다면 현실적으로는 이득일 것이다. 대답②처럼 반격하면 황혼 이혼으로 향하는 특급열차를 타게 된다.

가깝고도 먼 사이, 가족과 친척에게
전략적으로 화내는 법

　서로 감정이 잘 통하는 가족이라 할지라도 오해가 생기지 말라는 법은 없다. 말을 잘못 알아들어서, 말속에 숨겨진 감정을 잘못 해석해서, 엉뚱한 행동을 하거나 가족의 기분을 상하게 하는 경우도 많다. 특히 부모는 자녀들에게 화났을 때 왜 화났는지 말로 잘 표현하는 습관을 기를 필요가 있다. 자녀들이 부모의 감정 표현 방식을 그대로 따라 하기 때문이다.

사례1:
언제 결혼할 거냐고 엄마가 자꾸 묻는 건
엄마의 지인들 때문

"결혼은 언제 할 거니? 엄마가 창피해서 친척들 얼굴을 볼 수가 없단 말이야."

대학에 다니기 위해 상경해서 그대로 회사에 취직해 일하고 있었는데, 25세가 넘었을 무렵부터 어머니가 자주 이런 말씀을 하게 되었다. 고향에서는 다들 일찍 결혼하기 때문에 친척들이 나를 노처녀 취급하고 있다고 한다. 하지만 일에 조금씩 재미를 붙여 가고 있는 때라 아직은 결혼할 생각이 전혀 없다. 나를 부끄러워하는 어머니에게 화난다.

대답①: "엄마, 친척들이 뭐라고 하든 신경 쓰지 마세요."

대답②: "미국의 대학원에 가려고 공부하고 있어서 지금은 결혼을 생각할 겨를이 없어요."

대답③: "결혼하려고 했던 남자친구가 있었는데 얼마 전에 차였어요. 저도 힘드니까 잠시 내버려 두세요."

이것은 '치환형'의 예다. 사실 이 어머니는 친척에게 분노를 느끼고 있을 것이다. 그러나 그 분노를 친척에게 표명할 수가 없기 때문에 분노의 방향이 딸을 향하게 된 것이다. 요컨대 화풀이지만, 자신이 그런 부끄러운 행동을 하고 있음을 인정하고 싶지 않을 것이다. 이런 유형이 하는 말에 진지하게 반응한들 좋은 결과는 얻기 힘들다. 대답①처럼 정론을 말해도 소용없다.

대답②처럼 친척에게 그런 말을 들었을 때 어머니가 당당하게 받아칠 수 있는 이유를 만들어 주면 어머니도 수긍할 가능성이 높아진다. 아니면 대답③처럼 상대가 더는 말을 꺼내기 어렵게 만드는 방법도 있다. 친척에게 무슨 말을 듣더라도 솔직하게 말하기 부끄럽다는 생각에서 적당히 둘러낼 것이다. 상대에게 이유를 부여하고 수긍시키는 것이 포인트다. "이미 결혼 정보 회사에 등록해서 수십 명은 만나 봤어요."라고 말해 보는 것도 좋을 수 있다.

사례2:
나 때문에 모든 것을 포기했다고?

"내가 막 일에 몰두하기 시작했을 무렵에 네가 태어났지. 그래서 일을 포기하고 너를 키웠단다."

어머니는 입버릇처럼 이렇게 말씀하신다. 어렸을 때는 그저 미안한 마음이었지만, 어른이 된 지금은 다른 나쁜 일도 전부 내 탓인 것처럼 말하는 어머니에게 화가 치민다.

대답①: "전부 다 내 탓이라고 말하고 싶은 거예요?"
대답②: "엄마의 인생을 바꿀 만큼 대단한 힘이 저한테 없어요."

이것은 '자기애형'의 예다. 비즈니스 편에서는 회사와 자신이 일체화된 사례를 소개했는데, 이것은 '내 아이=나'의 일체화. 아이는 착하고 순종적인 까닭에 부모의 욕망을 충족시키려고 애쓴 나머지 부모가 하는 말은 전부 옳다고 믿고(혹은 옳다고 생각하지 않더라도) 따른다. 부모의 '자기애'가 투영된 기대는 전부 '애정'으로 받아들이고 그 기대에 부응하려 노력하며, 이 때문에 지쳐 버린다.

대답①처럼 말해도 이 어머니에게는 영향을 주지 못할 것이다. '내 인생이 뜻대로 되지 못한 건 너 때문이니까 내가 바라는 대로 행동해야 해.'라고 생각하기 때문이다. "네가 열심히 노력해서 엄마가 하지 못했던 것을 해 주기를 바랄 뿐이란다."라며 자신이 생각하는 방향으로만 나아가려 할 것이 빤하다. 이런 사람은 상대에게 죄책감을 느끼게 하는 솜씨가 뛰어나다. '나 때문에 엄마가 꿈을 포기하셨구나.'라며 죄책감을 느끼는 사람은 자벌적自罰的으로 생각하기 쉽다. 그러나 이것은 반대로 생각하면 자신에게 강한 영향력이 있다고 믿는다는 의미가 된다. 사람은 단순히 당신 한 명 때문에 불행해지지 않는다. 그 정도로 타인에게 영향력을 끼치지 않는다. 상대를 책망하며 죄책감을 불러일으키려 하는 사람은 자신이 안고 있는 떳떳지 못함을 견디지 못하고 진짜 원인을 직시하지 못하는 마음 약한 사람이다.

그러니 대답②처럼 '내게는 그런 힘이 없다.'고 전함으로써 "당신의 의도대로 행동하지는 않을 겁니다."라고 선언하자.

사례3:
내가 다니는 회사도 마음에 안 든다는
고집 센 아버지

"그런 들어 본 적도 없는 회사에서 일하는 꼴을 보려고 너를 대학까지 공부시킨 게 아니야!"
아버지는 내가 취직한 회사가 마음이 드시지 않는 듯, 고향집에 갈 때마다 항상 이렇게 말씀하시며 회사를 그만두라고 요구하신다. 항상 주위에 자신의 가치관을 강요하고 여기에 말대꾸라도 했다가는 불같이 화를 내는데 일단 화내면 아무도 말리지 못한다. 그래서 어머니를 비롯해 그 누구도 아버지에게 반론을 제기하지 못했다. 나이를 드실수록 더욱 고집스러워지는 아버지 때문에 정말 피곤하다.

대답①: "저는 지금 하는 일이 마음이 드니까 이제 그만 내버려 두세요."
대답②: "지금은 유명하지 않지만 앞으로 크게 주목받을 분야예요. 제가 누군데요. 아버지의 아들이잖아요. 그 분야를 보는 눈은 확실하니까 믿어 주세요."

이것은 '자기애형'의 예다. '화내면 아무도 말리지 못한다.'라는 이 아버지는 아직도 유아적인 만능감(나는 마음만 먹으면 무엇이든지 할 수 있다고 생각하는 것-옮긴이)에 사로잡혀 있는 것으로 생각된다. 이런 사람이 그대로 어른으로 성장하면 세상이 전부 자신을 중심으로 돌아간다고 생각하며 자기 뜻대로 되지 않으면 화내는 유치한 인간이 된다.

《철부지 사회》에서도 이야기했지만, 사람은 어른이 되는 과정에서 수많은 좌절을 경험한다. 자기애에 상처를 입고 회복하기를 반복하는 가운데 만능감을 상실함으로써 있는 그대로의 자신과 마주할 수 있게 된다. 그러나 주위 사람들이 귀찮아하거나 부모가 만능감을 계속 긍정해줘서 자기애가 점점 비대해지면 당연히 현실을 따라잡지 못하게 되고 모든 일의 원인을 외부에서 찾게 된다. 이 경우는 자신의 육아 실패를 인정하고 싶지 않기 때문에 "내가 낳은 우수한 내 아들이 이런 작은 회사에서 일한다니 말도 안 돼."라고 주장하며 반론이나 주의를 거부하고 반격하는 것이다.

이런 사람에게는 대답①처럼 정면으로 반론을 펼쳐도 의미가 없다. 효과가 없을 뿐만 아니라 한층 고집스럽게 자신의 주장을 밀어붙일 것이다. 그러므로 대답②처럼 상대의 자기애를 자극하고 치켜세우면서 흘러 넘길 것을 권한다. 도저히 아버지를 칭찬할 마음이 들지 않는다고 생각할지도 모른다. 만약 함께 살고 있다면 계속 이렇게 칭찬하면서 흘려 넘기는 것은 정신적인 타격을 주기 때문에 리스크가 매우 크지만, 이 사례처럼 평소에 멀리 떨어져서 산다면 쾌락원칙과 현실원칙을 양팔저울 위에 올려놓고 곰곰이 생각해 보기 바란다. 아버지가 수긍한다면 당신은 하고 싶은 일을 아버지의 성가신 반대 없이 계속할 수 있다.

수시로 돈을 빌려 달라고 조르는 숙부에게 분노를 느낀다. 처음에는 '어 릴 적에 나를 귀여워해 줬던 숙부의 부탁이니까……'라고 생각해 돈을 빌려줬다. 그러나 이후에도 계속 빌리러 오기에 어쩔 수 없이 거절했더 니 "혈육인 숙부가 곤란에 처했는데 도와주지 않다니 이런 냉혈한 같으 니라고!", "네가 어렸을 때 자주 여행에 데려가 주지 않았더냐!"라며 나 를 꾸짖는다. 마치 내가 나쁜 놈이 된 기분이다.

대답①: "죄송합니다. 이제 애가 커서 교육비 지출이 늘어나는 바람에 도저히 여유가 없습니다."

대답②: "그게 뭐 어쨌다는 겁니까? 이건 이거고 그건 그거죠."

이것은 '이득형'의 예다. 이 숙부는 상대의 약점을 이용해 이익 을 보려고 생각하고 있다. 죄책감을 느끼게 하려고 예전 이야기를 이것저것 꺼내는 것이다.

대답①처럼 흘려 넘겼을 때 순순히 물러나 준다면 다행이지만,

아직 할 말이 있는 것 같다면 대답②처럼 상대가 한 말에 의문을 던져 보는 것도 한 가지 방법이다. "당신이 하는 말은 정말로 타당한가?"라고 묻기 바란다. 불합리한 요구에 굴하지 않겠다는 의지가 전해져서 돈을 빌리러 오는 일이 줄어들 가능성이 있다.

끊기 어려운 관계인 지인과 이웃에게
전략적으로 화내는 법

앞에서는 가족과 친척에게 화났을 때의 대처법에 대해 이야기 했다. 다음 사례1부터 3까지는 친척이나 이웃, 자녀의 친구 부모, 등의 관계에서 받는 분노 대처법을 다루었다. 관계를 끊으려면 이사, 전학 등 커다란 리스크가 따르기 때문에 전략적으로 분노를 표명함으로써 극복하자.

사례1:
무엇이든 비교하며
자기 아이가 더 뛰어나다고 할 때

"유미는 이유식을 안 먹네? 우리 아이는 잘 먹는데. 맛있나 봐."
좀처럼 이유식으로 넘어가려고 하지 않는 딸아이. 이 모습을 본 동네 아이 엄마가 이렇게 말했다.

대답①: "그래? 밥을 잘 먹는 것도 잘 안 먹는 것도 다 개성이 아닐까?"
대답②: "지방 세포는 일단 커지면 두 번 다시 예전 크기로 안 돌아간다 잖아? 나는 얘가 이유식을 잘 안 먹어서 다행이라고 생각해. 미호는 나중에 힘들겠다."
대답③: "기분 나쁘니까 그 이야기는 그만하지 않을래?"

이것은 '자기애형'의 예다. 의식적이든 무의식적이든 우리 아이가 당신의 아이보다 뛰어나다고 말하고 싶은 것이다. 그 밖에도 "아직 글자를 못 읽네?"라든가 "나이에 비해 키가 작지 않아?" 등등 다양한 패턴이 있다. 실질적인 해는 없다. '이 사람은 자랑을 하고 싶어 하는구나.'라고 생각하고 대답①처럼 흘려 넘기면 될 것이다.

대답③처럼 "기분 나쁘니까"라고 말하면 '역시 우리 아이가 더 뛰어나구나.'라며 오히려 기뻐하고 재미가 들려서 계속 말을 할지도 모른다. 한편 대답②처럼 "나는 얘가 이유식을 잘 안 먹어서 다행이라고 생각해."라며 자신은 이런 자기애를 갖고 있다고 선언하는 것도 좋은 방법이지만 "미호는 나중에 힘들겠다."라는 말은 상대의 자기애에 상처를 주게 되니 삼가도록 하자.

자기 자식에 대한 부모의 기대는 사실 자신의 자기애의 재생이다. 아이를 향한 기대에는 자신을 향한 자기애가 투영되어 있다. 스테이지 마더(연예계에서 활약하는 자녀를 따라다니며 매니저처럼 행동하는 어머니-옮긴이)는 그 전형적인 예로, 자신이 이루고 싶었지만 그러지 못했던 것을 대신 이루어내도록 자녀를 교육시키거나 자신은 이미 패배했던 전장에서 자녀를 이용해 대리전쟁을 하려 하는 부모가 종종 있다. 여배우 미야자와 리에 씨의 어머니가 스테이지 마더로서 딸을 키운 것이나 메이저리거였던 이치로 선수의 아버지가 아들에게 영재 교육을 시켰던 것 등은 그 좋은 예다.

부모의 이런 열의가 천재나 대스타를 만들어내는 경우가 종종 있으므로 이것을 전면적으로 부정하지는 않는다. 그러나 미야자와 리에와 이치로의 이면에는 미야자와 리에가 되지 못한 수많은 아역 연기자와 이치로가 되지 못한 수많은 야구 소년이 있을 것이다.

부모의 과도한 기대 때문에 고통 받는 아이도 있다는 사실을 기억하기 바란다.

사례2:
내가 직장에 다녀서 어린이집에 다니는
내 아이가 불쌍하다고?

"아이를 보육원에 맡기고 일을 하러 간다니, 아이가 너무 불쌍해! 세 살까지는 항상 엄마와 함께 있어야 하는데."

3세아 신화(아이가 3세가 될 때까지는 어머니가 육아에 전념해야 하며, 안 그러면 성장에 악영향을 준다는 생각-옮긴이)를 소리 높여 주장하는 동네의 전업주부 때문에 짜증이 난다.

대답①: "우리는 양보다 질로 승부하니까 괜찮아. 아이도 즐겁게 지내고 있고."

대답②: "소아과 의사가 쓴 책을 얼마 전에 읽었는데, 아이를 보육원에 보내면 사회성을 키울 수 있어서 좋다고 적혀 있더라. 아이마다 조금씩 다른 건지도 모르겠어."

이것은 '선망형'의 예다. 자신도 일을 하고 싶지만 어떤 사정 때문에 계속 일할 수가 없었는데, 현대의 여성에게 가정과 직장의 양립은 어떤 의미에서 이상인 까닭에 아이를 맡기고 일할 수 있는 사람에 대한 선망이 있는 것이다. 타인의 행복을 견디지 못하는 사람이 이런 말을 하므로 그런 사람이라고 생각하고 뭐라고 말하든 흘려 넘긴다는 의미에서 대답①처럼 말하는 것은 좋은 대응이라고 할 수 있다.

전업주부 중에도 요리를 잘해 자택에서 취미로 요리 교실을 열거나 지역 자원봉사 활동에 힘을 쏟는 등 회사 일이 아니더라도 자기실현의 기회를 만들어 충실감을 느끼며 사는 사람이 많다. 하지만 위와 같은 말을 하는 사람은 충실감을 느끼지 못하고 있다. 자신의 곁에 있는 것, 혹은 갖고 있는 것으로 자신을 과시하는 수밖에 없다. 남편이 좋은 회사에 다닌다거나, 풍족하게 산다거나, 값비싼 핸드백이나 액세서리를 갖고 있다거나, 아이가 좋은 학교에 다닌다거나 하는 것들이다. 그런 것으로 사람들이 자신의 가치를 인정하도록 만드는 수밖에 없다고 생각하는 것이다.

아이를 맡기고 일하는 사람은 업무를 통해 자기실현을 할 기회가 있으며 경제적으로도 자립이 가능하다. 내 환자 중에서 전업주부의 비율이 가장 높은 세대는 60~70대이다. 그들과 이야기를 나

뒤 보면, 남편에게 화나지만 이혼을 하면 경제적으로 불안해지기 때문에 참아 왔다는 사람이 매우 많다. 아무리 현재 풍족하게 생활하고 있더라도 자신이 경제적으로 자립할 힘이 없는 사람은, 지금의 생활을 지키기 위해 남편이 바람을 피우더라도 그저 참는 수밖에 없다. 아무리 불합리해도 말이다. 예를 들어 집에서 가정 폭력에 시달리면서도 참는 수밖에 없다고 생각하는 것이다. 그 엄청난 욕구 불만과 분노를 억지로 참다가 몸에 이상이 생기는 경우도 많이 봤다.

사람은 누구나 자신이 하고 있는 것을 정당화하고 싶어 하는 마음이 있다. 가령 앞에서와 같은 말을 시어머니가 할 때도 있을 터인데, 그것도 '선망'이다. 자신은 꾹 참고 남편과 아이를 위해 모든 것을 바쳤으니 너도 그렇게 하라고 말하고 싶은 것이다. 혹은 "하루 종일 텔레비전을 보는 아이를 방치하다니, 아이가 불쌍해! 그러는 거 아이한테 별로 좋지 않아." 같은 육아론을 강요하는 사람도 마찬가지다. 자신은 아이에게 텔레비전을 보여주지 않고 열심히 육아를 하고 있으니까 그것을 정당화하고 싶은 것이다.

또한 대답②처럼 의사나 학자 등의 권위를 이용하는 것도 효과적이다. 그러면 상대도 쉽게 반박하지 못한다.

사례3:
내가 가진 걸 부러워하는 이웃

"집도 넓고 남편도 좋은 회사에 다니는 것 같던데, 정말 부럽네요. 참 행복하시겠어요."

이웃의 참견이 너무 심해서 난감하다. 얼마 전에 한 주택지로 이사를 왔는데, 외출할 때나 빨래를 널 때 항상 지켜보기라도 하는지 볼 때마다 좋은 옷을 입고 있다는 둥, 좋은 물건을 가지고 있다는 둥 시시콜콜 참견을 한다. 앞으로 수십 년 동안 이런 일이 계속될지도 모른다고 생각하니 진저리가 난다.

대답①: "에이, 그렇지도 않아요. 하지만 그렇게 말씀해 주셔서 고맙습니다."

대답②: "생각하시는 정도는 아니에요. 앞으로 시부모님과 함께 살 예정이고, 시댁의 주택담보 대출도 저희가 갚고 있어서……."

이것은 '선망형'의 예다. 이웃이라는 가까운 대상이 자신보다 잘 사는 것 같다, 자신보다 행복한 것 같다는 생각이 들기만 해도 견디지 못하는 사람이 있다. 마치 그 사람이 자신의 행복을 훔쳐 갔다는 듯이 트집을 잡는 경우도 있다.

대답①과 같이 흘려 넘기면 되지만, 이웃의 경우는 계속 흘려 넘기는 데도 한계가 있을 수 있다. 그럴 때는 대답②처럼 상대의 선망을 가치가 없게 만드는 방법을 권하는데, 상대가 어떤 부분을 부러워하는지 구별하는 것이 중요한 포인트다. 예를 들어 시어머니와 함께 사는 사람에게는 자신도 고부 문제가 있다고, 돈을 신경쓰는 사람에게는 금전적으로 문제가 있다는 식으로 말하면 이웃은 당신도 행복하지 않다며 만족을 느낄 것이다.

다만 이때 주의할 점이 있다. 당신의 진짜 걱정거리나 사생활 문제를 이야기할 필요는 없다. 이런 사람은 '타인의 불행은 나의 행복'이라는 감성의 소유자일 때가 많기 때문에 자칫하면 신이 나서 주위에 소문을 퍼뜨릴 수 있다.

3장과 4장에서 몇 가지 사례를 살펴봤는데, 참고가 될 만한 것이 있었는가? 분노를 표명하기 위해서는 훈련이 필요하므로 가까운 사람에 대한 분노부터 상대에게 표현해 보자.

하지만 도저히 직접적으로 분노를 표명할 수가 없는 경우도 있다. 그럴 때는 어떻게 해야 할지 다음 장에서 소개하겠다.

프레너미_친구라는 가면을 쓴 적
그때 이렇게 화냈어야 했는데!

적절하게 분노를 표명하면 대인 관계를 개선할 수 있지만, 세상에는 '아예 상대하지 않는 것이 최선'인 유형의 사람도 있다. 바로 '프레너미'다. 이런 사람에게 분노를 느꼈다면 안타깝지만 도망치는 것이 최선이다.

'프레너미'는 '친구friend'와 '적enemy'을 조합한 말이다. 표면적으로는 마치 친구인 양 행동하면서도 뒤에서는 적처럼 행동하는 사람을 가리킨다. 얼굴을 맞대고 직접적으로 공격하는 것이 아니라 간접적으로 공격한다.

미국 드라마 〈섹스 앤 더 시티〉 시즌3 에피소드16의 제목으로

The Right Way to Get Angry

사용된 것을 계기로 유행하기 시작했고, 그 후 영화 〈퀸카로 살아남는 법〉에서도 친구인데 주종 관계를 만들고 싶어 하는 등장인물이 프레너미가 아니냐며 화제가 되었다. 일본에서도 이 드라마나 영화를 본 여성들 사이에서 프레너미라는 말이 퍼졌으며 여성지에서도 다루게 되었다.

프레너미는 겉으로는 친구인 척하지만 뒤에서는 험담을 하거나 훼방을 놓는다. 아기 엄마 모임에서 누군가가 잠시 자리를 비우면 그 사람의 험담을 하니까 자신도 험담을 들을까 겁이 나서 화장실에 가고 싶어도 꾹 참다가 방광염에 걸렸다는 이야기도 있다.

나도 결혼을 결정하고 나서 같은 병원에 근무하는 심리 카운슬러에게 받은 결혼 축하 선물을 열어 보고 깜짝 놀란 적이 있다. 식칼과 과도 세트였기 때문이다. 칼이나 가위 등 '(관계의)단절'을 연상시키는 물건을 결혼 축하 선물로 줘서는 안 된다는 것은 상식이고 그런 상식을 모를 사람이 아니었기에 더더욱 소름이 끼쳤다.

내 경험을 바탕으로 이야기하면, 프레너미는 2장에서 이야기한 선망, 즉 타인의 행복을 참지 못하는 분노를 끌어안고 있을 때가 많다. 가령 내가 프랑스 정부 지원 유학생 시험에 합격했을 때, 같이 다녔던 어학 학교의 친구들 대부분은 나를 축하해 줬지만 딱 한 명만은 "프랑스어 실력을 키우려면 일본에 있는 편이 나아."라고 말했다. 왜 그런 말을 했는지 궁금했었는데, 그 친구가 유학을 가고 싶어 했지만 경제적인 이유로 단념할 수밖에 없었다는 이야기를 다른 친구에게 듣고 이해했다.

또한 신문 연재가 결정되었을 때, 내가 다니는 피트니스클럽에서 이 이야기를 하자 한 부유층 부인이 갑자기 "어머, 워커홀릭이

The Right Way to Get Angry

었어요?"라고 큰 목소리로 말했다. 이 부인은 신문이나 잡지에 글을 투고하는 취미가 있는 독서가라고 하는데, 어쩌면 이것도 선망이었는지 모른다.

그 피트니스클럽에 다니는 여성들은 하나같이 선망의 화신 같은 사람들이어서 정말 당혹스러울 때가 많다. 그 중심인물이라고 할 수 있는 사람은 '선도부장'을 자처하는 여성으로, 피트니스센터 회원들의 언동을 열심히 감시하고 그들의 '부정'을 흉본다. 이를테면 해외여행을 자주 가는 여성에 대해서는 "탈세를 하고 있어서 저런 우아한 생활을 할 수 있는 거래요.", 몸매 좋은 미인에 대해서는 "조폭과 술을 마시는 남자와 사귄대요.", 열정적으로 일하는 직장인 여성에 대해서는 "집안일도 안 하고 아이도 안 키우니까 저럴 수 있는 거죠."라고 흉을 보는 식이다.

이런 식으로 타인의 흠을 들춰내야 직성이 풀리는 이유는 선망이 《인생의 기준이 되어줄 지혜의 서》에서 말한 '음지에 틀어박힌 부끄러운 정념'이기 때문일 것이다. 자신이 이런 부끄러운 감정을 품고 있음을 절대 인정하고 싶지 않기에 '올바름'을 무기로 선망의 대상을 공격하는 것이다. 이런 음습함이야말로 프레너미의 특징이다. 욱해서 분노를 터뜨리는 것이 이글이글 불타오르는 시뻘건 화염이라면 프레너미는 홀홀 타는 파란 불꽃의 이미지다.

'타인의 행복을 참을 수가 없다면 흘려 넘겨도 될 텐데……'라는 생각이 들지만, 개중에는 '타인의 불행은 나의 행복'이라는 말이 딱 어울리는 유형도 있다. 어떤 여대생에게 이런 이야기를 들은 적이 있다. 그 여대생이 남자 친구에게 헤어지자는 말을 듣고 괴로워할 때 자신의 일처럼 고민 상담을 해 주던 친구가 있었는데, 남

The Right Way to Get Angry

자 친구와 다시 사이가 좋아진 순간 태도가 차가워지더니 "역시 헤어지는 편이 좋을 거 같아."라고 권했다는 것이다 이 친구는 타인의 행복을 참을 수 없을 뿐만 아니라 타인의 불행을 자신의 행복으로 여기며 사는 전형적인 프레너미다.

가장 골치 아픈 프레너미는 앞에서는 상냥하게 행동하면서 뒤에서는 태연하게 중상비방을 하는 유형이다. 한 지인 여성은 절친한 친구에게 무엇이든 털어놓았었는데, 그 친구가 다른 친구에게 "걔는 무슨 일만 있으면 나를 찾아와서 의논하는데, 솔직히 부담스러워. 그렇게까지 나를 의지하지는 말았으면 좋겠어."라고 말했다는 이야기를 듣고 기분이 우울해졌다. 게다가 자신이 털어놓았던 이야기들을 다른 친구들에게 그것도 상당히 왜곡해서 이야기해 왔다는 사실을 알고는 아무도 믿지 못하게 되었다고 한다.

다른 여성도 파트타이머로 일하는 곳에서 알게 된 친구가 믿을 수 있는 사람으로 생각되어 직장에 대한 푸념 등을 늘어놓았었는데, 그 이야기가 왜곡되어, 게다가 하지도 않은 말까지 추가된 채 직장 전체에 퍼져 있었음을 알고 경악했다고 한다. 그뿐만이 아니라 헛소문을 퍼뜨렸던 친구가 그동안 자랑했던 남편과 아이, 그리고 우아한 생활 이야기 모두 새빨간 거짓말이었다는 것도 알게 되었다. 이 친구는 사실 이혼한 상태였고 경제적으로도 어려운 상태였는데, 그 탓인지 가족과 행복하게 사는 것으로 보이는 사람을 불행에 빠뜨리고 싶었던 듯하다.

프랑스의 작가 사르트르가 쓴 희곡《닫힌 방》에 "당신은 나쁜 여자야. 타인을 괴롭히지 않고서는 살아가지 못하지."라는 대사가 나오는데, 이것은 프레너미를 위해서 쓴 것 같은 대사다. 프레너미의

The Right Way to Get Angry

공격을 방어할 방법은 없다. 최대한 일찍 눈치를 채고 거리를 두는 것이 가장 중요하다. 경우에 따라서는 관계를 끊어서 실질적인 해를 피할 필요도 있다.

반대로 당신 자신이 프레너미는 아닌지 살펴보자. 프레너미처럼 음습한 공격을 반복하면 주위 사람들은 하나둘 당신의 곁을 떠날 것이며, 결국 외톨이가 되어 버릴 것이다. 어쩌면 보복을 당할지도 모른다. 당신 스스로를 지키기 위해서라도 프레너미처럼 분노를 음습하게 분출하지 말고 분노의 원인을 제공한 당사자에게 분노를 확실히 표현하는 방법을 익히기 바란다.

5장

그럼에도 도저히
분노를 직접
표현할 수 없을 때

66

화내는 순간 상대방은 좋아하지 않겠지만
얼마 가지 않아 금방 잊어버린다.
그리고 오히려 서로를 잘 이해하게 된다.
우리가 분노를 표현하지 않고 대신 자신을 괴롭히면
문제는 해결되지 않은 채로 남고 그때 피해는 훨씬 크다.

_앤드류 매튜스

99

분노로부터 거리 두는
3가지 방법

분노를 상대방에게 직접 표명하지 못하고 억눌러 버리면 어떻게 되는지, 그리고 그런 사태를 피하려면 어떻게 해야 하는지 그 대처법에 관해 이야기하려 한다.

지금까지 나는 "분노를 전략적으로 적재적소에 나타내야 한다." 라고 말해 왔지만, 마음의 상처가 커서 분노를 표명할 기력조차 없을 경우, 상사나 거래처, 교수 등 자신보다 지위가 높은 사람에게 분노를 느꼈을 때처럼 도저히 분노를 표현하기 어려울 수도 있을 것이다. 그러나 분노를 표명하기가 두려워서 가슴 속에 담아 두기만 하는 '분노 공포증' 상태가 되면 언젠가 그 대가를 반드시 치르게 된다.

도저히 표명할 수 없는 분노로부터 몸을 지키기 위해서는 분노를 인정하고 거리를 둘 필요가 있다. 그러다 보면 상황이 변해서 받아들일 수 있게 될 때도 있기 때문이다. 분노로부터 거리를 두기 위한 대처법으로는 ①회피한다, ②긍정적으로 바라본다, ③다른 사람에게 이야기한다는 세 가지 방법이 있다.

대처법을 소개하기에 앞서 분노로부터 거리를 두지 않은 채 '분노 공포증'에 걸린 사람이 어떻게 자신의 마음을 방어하려 하는지 살펴보자. 안타깝지만 분노를 인정하지 않고 '문제 같은 건 없어. 모든 일이 순조롭게 진행되고 있어.'라고 생각하는 사람일수록 '모든 일이 순조롭게 진행되지 않을' 때가 많다.

화나는 일을 모른 척 지나가도
결코 사라지지 않는다

자신의 내부에 분노가 있음을 인정하고 싶지 않은 사람은 분노를 '부인'한다. 이것은 종종 사용되는 방어 메커니즘이다. 프롤로그에서도 이야기했듯이 '화내는 것은 좋지 않다.'라는 믿음이 강해서

"화내서는 안 돼."라고 자신에게 말하기 때문이다.

"화내는 사람은 야만적이야. 감정에 휩쓸려서 분노를 표명한다면 동물과 무슨 차이가 있겠어? 나는 나 자신을 통제할 수 있기 때문에 화 같은 건 내지 않아.", "저는 평화주의자라 분노를 제 마음속에서 몰아내고 있어요." 이렇게 말하는 사람도 적지 않다. 훌륭한 마음가짐으로 보이지만, 이 세상에서 분노를 전혀 느끼지 않으면서 사는 사람이 과연 있을까?

많은 사람을 진찰한 내 경험에 따르면 그런 사람은 존재하지 않는다. "나는 화를 내지 않는 사람이야."라고 말하는 사람은 부인의 달인일 것이다. 현실이 자신으로부터 눈을 돌린 채 분노의 감정을 느끼지 않으려고 하는 자기기만의 화신으로 보인다.

생각해 보기 바란다. 기쁨이나 슬픔, 두려움 같은 감정이 전혀 없는 사람이 있을까? 그런 사람이 없는 것과 마찬가지로 분노가 전혀 없는 사람 또한 있을 수 없다. 그저 분노는 나쁜 감정이라고 규정하고 '분노 같은 감정은 없었으면 좋겠어.'라고 바란 결과 '나는 화 따위 내지 않는 사람'이라고 믿어 버리는 것이다.

화내지 않고 모르는 척 지나간다고 해도 화는 사라지지 않는다. 그렇게 화가 쌓이고 쌓여 걷잡을 수 없이 커져버린다. 더는 견딜 수 없는 상태가 되어 결국 폭발이라는 최악의 사태를 초래할 수도 있다. 환자 중에 30대 남성은 "화내서는 안 돼."라고 자신에게 말하며 항상 분노를 억눌러 왔다고 한다. 그 남성의 어머니는 사소한 일에도 화내며 잔소리를 했었고, 마음에 들지 않는 것이 있으면 문을 세차게 닫거나 신문지를 갈기갈기 찢어 버렸다고 한다. 어머니와는 반대로 아버지는 무척 점잖은 사람이어서, 어머니가 소리를 지르며 히스테리를 부리기 시작하면 조용히 밖으로 나가 버렸다. 이런 환경에서 자란 탓에 그 남성은 어렸을 때부터 어머니에게 반항도 못 하고 분노를 꾹 참으며 살아왔다고 한다. 대학을 졸업할 무렵에는 자신의 내부에 분노 같은 것은 없다고 자신했고, 스스로 감정을 잘 제어한다고 생각했다고 한다.

하지만 어머니 때문에 결혼이 파탄에 이르자 비로소 자신의 분노를 자각했고, 그 분노의 가장 큰 대상이 어머니임을 깨닫고는 큰 충격을 받았다고 한다.

분노 에너지,
그대로 변환해 보기

분노도 감정인 이상 에너지가 있다. 분노를 겉으로 드러내면 이

에너지를 발산할 수 있다. 그런데 분노를 계속 부인하면 에너지가 쌓여서 결국 폭발할 위험성이 높아진다. 이런 사태를 방지하기 위해 무의식중에 분노의 에너지를 다른 형태로 '변환'하는 것도 방어 메커니즘 중 하나다.

이 '변환'은 주로 세 가지 방향으로 향하는 듯하다.

● 죄책감: '전부 내 잘못이야.'라며 자신에게 분노를 향한다.
● 피해자 의식: '죄책감'과는 반대로 '나는 항상 피해자야.'라고 생각한다.
● 신체화: 분노가 몸 상태의 이상이라는 형태로 나타난다.

그러면 이 세 가지를 하나하나 자세히 설명하겠다.

분노가
죄책감으로 변한다고?

분노를 외부에 표현하지 못하고 방향을 반전시켜 자신에게 향하는 경우가 있다. 억누르고 봉인한 분노는 시간이 지난다고 해서 사라는 것이 아니라 계속 쌓여 가기 때문이다. 특히 타인에게 맞추려고 하는 경향이 강하고 거절을 못 하는 사람일수록 분노가 쌓여서 결국은 반전시키는 수밖에 없게 되는 듯하다. 그 결과 '내 잘못이니까.', '내 탓에 그렇게 됐어.'라는 식으로 자신을 책망하고 죄책감을 느끼게 된다.

가정교육의 영향도 있다. "엄마는 화내는 아이가 제일 싫단다." 같은 말을 계속 들으면서 자라면 '엄마에게 사랑 받고 싶으면 화내지 않고 얌전해야 해.'라고 받아들인 결과 분노를 반전시켜 자신에게 향하기 쉬워진다.

'타인에게 화내고 싶지만 화낼 수가 없기 때문에 자신에게 화내는' 것인데, 그 결과 스스로 상처 입히는 자기 파괴적 행위를 반복하게 되는 경우가 있다. 그 전형적인 예가 리스트컷 증후군(Wrist cutting syndrome 손목을 긋는 등 자해 행위를 반복하는 현상)이다. 리스트컷은 특히 젊은 여성에게서 많이 나타나며, 최근에는 중·고등학생 사이에서 유행병처럼 만연하고 있다. 커터 등으로 그은 손목에서 피가 분출하는 순간의 영상 또는 상처의 사진을 인터넷에 공개하거나 전용 사이트에서 교류하는 리스트컷 상습자도 급증하고 있다. 이런 사람들 때문에 학교는 물론 병원 응급실, 정신과 임상 현장에서도 심각한 문제가 되고 있다.

자해 행위를 반복하는 환자의 대부분은 "불쾌한 기분으로부터 해방되고 싶어서 그었어요.", "짜증이 나면 손목을 긋게 돼요." 같은 말을 한다. 자신의 몸에 상처를 입힘으로써 일종의 해방감을 얻는다는 말이다. 손목을 그으면 일순간 의식이 끊어지기 때문에 일시적으로 분노나 짜증에 따른 긴장감으로부터 해방되거나 죄책감이 누그러드는 듯하다.

이런 사람은 타인에 대한 분노를 반전시켜 자신에게 향함으로써 죄책감을 느껴서 자해 행위를 반복하는 것인데, 자해 행위가 사라지면 상처를 주는 대상이 외부가 되는 경우도 있다. 요컨대 타인에게 폭력을 휘두르는 것이다. 자해 행위를 반복하는 환자를 다수 진찰해 온 데이쿄대학 의학부 부속병원의 하야시 나오키 교수는 그의 저서 《리스트컷—자해 행위를 극복한다》에서 '분노가 향하는 방향이 자신과 타인의 사이를 오가는' 증상을 보고했다. 자해 행위를 반복하던 환자가 어느 날부터 갑자기 부모에게 폭언을 퍼붓고 폭력을 행사하게 되는 것이다.

손목을 그어서 병원으로 실려 온 어느 20대 여성은 "항상 '저는 당신의 로봇이 아니에요!'라고 어머니에게 소리치고 싶었어요."라고 호소했다. 그 여성의 어머니는 보호와 간섭이 지나친 사람이어서, 진로 선택 등을 할 때 딸의 희망 따위는 일체 무시하고 전부 자신의 뜻대로 결정해 왔다. 게다가 그렇게 하는 것이 가장 딸을 위한 길이라고 믿어 의심치 않았기 때문에 딸은 그때까지 아무 말도 할 수가 없었다고 한다. 이 환자는 자신의 손목을 어머니 대신으로 간주하고 상처를 입힘으로써 어머니라는 대상을 공격해 복수하려 했을 것이다. 프로이트가 말했듯이 "자기 처벌이라는 우회로를 통해서 원래의 대상에 복수를 하는"것이다.

이와 같은 복수 욕구, 그리고 그 밑바닥에 숨어 있는 분노는 최근에 증가하고 있는 우울증에서도 종종 발견된다. 언뜻 자신을 책망하며 우울해하는 듯이 보이는 우울증 환자의 배후에도 분노가 투영되어 보이는 경우가 자주 있다. "제 잘못이에요.", "제가 집안일을 못해서 집이 엉망진창이 된 거예요."라며 자신을 책망하는 듯이 보이지만, 그런 '자책적'인 호소에 계속 열심히 귀를 기울여 보면 프로이트의 말처럼 "이 호소 중에서 가장 강한 것은 자신에게 적용되는 경우가 적으며, 약간만 수정을 가하면 환자가 사랑하고 있거나 과거에 사랑했거나 혹은 사랑해야 하는 다른 사람에게 적용된다는 인상을 받지 않을 수가 없는" 것이다. 그리고 "자신에 관한 경멸의 말은 근본적으로는 타인에 관한 것"이며 "자기 비난이란 사랑하는 대상을 향했던 비난이 방향을 바꿔서 자기 자신의 자아를 향한 것"으로 파악해야 한다.

분노를 밖으로 드러내지 않고 억눌러 놓으면 어쩔 수 없이 방향을 바꿔서 자기 자신을 향하게 된다. 이때 분노는 죄책감으로 변환된다. 이 죄책감이 자신을 상처 입히는 자해 행위 혹은 자신을 책망하는 우울증이라는 형태로 외부에 모습을 드러내는 것이다.

피해자 의식으로
변환되는 분노 잡기

외부에 드러내지 못하는 분노가 피해자 의식으로 변환되는 사례도 많이 볼 수 있다. 분노를 느끼고 있지만 그것을 눈앞의 상대에게 드러내는 것은 위험하다고 느끼면 억누르는 수밖에 없게 된다. '이 자리에서 화내는 건 곤란해. 조금 멀리 떨어져서 아무 일도 없었던 것 같은 얼굴을 하자.'라고 자신에게 말하며 분노를 삼키는 것이다. 이렇게 해도 분노가 사라지지는 않기 때문에 시간이 지날수록 피해자 의식이 강해진다.

피해자 의식이 강해지면 불평을 늘어놓거나 우는소리를 하게 된다. 일이 순조롭게 진행되지 않는 것은 '저 사람이 심술을 부리기 때문'이라든가, 자신이 행복하지 않은 것은 '저 사람 탓'이라는 식으로 다른 누군가의 탓으로 돌리며 원망하는 것이다.

지인의 자녀 중에 부모 때문에 자신의 인생이 엉망진창이 되었다는 20대 은둔형 외톨이 남성이 있었다. 그 남성은 그림을 좋아해서 미대에 가고 싶었는데 부모가 법학부나 경제학부에 가라고 강요해서 진로를 변경했다고 한다. 어쨌든 무사히 합격해서 대학에 다니기 시작했는데, 사람들을 사귀지 못하고 공부에도 흥미를 갖지 못해 대학에 다니는 것이 고통이 되어 버렸다.

"내가 이렇게 된 건 그때 아버지가 경제학부에 가라고 했기 때문이죠. 미대에 갔다면 공부도 열심히 하면서 더 즐겁게 학교에 다녔을 거예요. 아버지가 정말 미워요."

이렇게 말하는 그 남성은 아버지를 말리지 않았던 어머니도 원망스럽게 생각했고, 동창생들이 모두 졸업해 취직한 지금까지도 방이 틀어박혀 나오지 않고 있다고 한다.

본인에게는 나름의 이유가 있겠지만, 타인의 탓으로 돌리며 불평만 늘어놓아서 행복해진 사람은 존재하지 않는다. 그림 공부를 하고 싶었다면 미대 이외에도 선택지는 있었을 터인데, 그러지 않았던 것은 본인의 재능이나 노력에 자신감이 없었기 때문이다. '이렇게 될 게 아니었는데……'라는 분노가 피해자 의식으로 변환되어 부모를 향하고 만 것이다.

분노가 쌓이면
몸에 이상이 생기기 시작한다

'분노 공포증' 때문에 분노를 계속 억누르며 살면 몸의 증상으로 나타나기도 한다. 2장에서 이야기했듯이 감정은 몸이 먼저 느끼는데, 이 경향이 특히 강한 감정이 분노라서 분노가 쌓이면 몸의 증상이 되어 나타나는 것이다. 당신도 분노를 느끼고 있지만 겉으로 드러내기가 두렵다든가 드러냈지만 제대로 전달되지 않은 상황에 놓였을 때 복부나 머리의 통증 혹은 구역질이나 현기증을 느낀 경험이 있을지 모른다.

한 60대 여성은 어느 날 갑자기 두드러기가 나서 피부과를 찾아가 진찰을 받고 약을 처방받았는데, 스트레스가 원인일지도 모른다는 말을 듣고 나를 찾아왔다. 결혼한 지 40년이 넘었다는 그 여성은 결혼 생활을 하면서 남편의 바람기 때문에 줄곧 고민이 많았다고 한다. 그럼에도 이혼을 하지 않았던 이유는 자녀도 세 명이나 있고 자신에게 경제력이 없기 때문이었다. 그리고 무엇보다도 돈을 많이 버는 남편과 우수한 자녀를 둔 '친구들에게 부러움의 대상인 사모님'의 자리를 잃고 싶지 않다는 생각이 강했던 듯하다.

그전까지도 남편이 바람을 피운 사실을 알게 되었을 때마다 온몸에 두드러기가 났지만, 피부과에서 약을 처방 받아 먹으면 나았기 때문에 괜한 풍파를 일으키지 않으려고 자신에게 "나는 이런 체질이야."라고 말해 왔다고 한다. 그런데 이번에 처음으로 정신건강의학과를 찾아와 진찰을 받고 비로소 그 인과관계를 명확히 깨달은 것이다.

주위 사람들이 보기에는 행복한 결혼 생활을 하고 있을 것만 같았던 그 여성은, 사실 강한 분노와 욕구 불만, 그리고 자신의 힘으로는 현재의 상황을 어떻게 할 수 없다는 무력감을 안고 있었다. 게다가 몸에 증상이 나타났던 원인이 된 분노 뿐만 아니라 그전부터 쌓이고 쌓였던 분노도 있다. 남편의 바람기에 대한 오랜 분노를 본래 향해야 할 남편에게 직접 표출하지 못하고 억눌러야 했기에 그 방향을 반전시켜 자신의 몸으로 향하는 수밖에 없었다. 그 결과가 두드러기라는 형태로 나타난 것이다.

놀라운 사실은 두드러기나 천식 같은 심신증까지는 이르지 않더라도 분노를 억누르고 있으면 살이 찌는 경우가 있다. 이것은 분노를 어떻게 처리해야 할지 알 수가 없어서 무력감과 공허감을 느낄 때 '마음이 공허한' 것인데 '배 속이 공허한' 것으로 받아들여 버리기 때문이다. 특히 여성 환자 중에는 견디기 힘든 마음의 공허감을 채우고자 마구 먹는 바람에 살이 쪄서 고민하는 사람도 많다. 먹은 직후에는 마음이 채워져 기분이 안정되는 감각을 맛보지만, 이 안심감은 순식간에 사라져 버리기 때문에 금방 또 무엇인가를 먹지 않고서는 견딜 수 없게 된다. "무엇인가를 먹고 있을 때만큼은 모든 것을 잊을 수 있어요.", "먹지 않으면 불안도 분노도 사라지지 않을 것 같은 기분이 들어요."라고 호소하는 환자도 있다.

이런 환자를 많이 진찰해 왔기에 나는 '외로운 여성은 살이 찐다.', '분노를 쌓아 두면 살이 찐다.', '불행하면 살이 찐다.' 같은 속설이 무작정 거짓은 아니라고 생각한다. 근본적인 원인을 어떻게 하지 못하고 다른 것으로 채워서 자신을 속이려 한 결과가 몸에 드러나는 것이다.

들어는 봤나?
수동적 공격

'분노 공포증' 때문에 분노를 부인할 경우 분노의 에너지를 변환하는 사례를 살펴봤는데, 그중에서도 가장 골치 아픈 것이 이 '수동적 공격'이다. 분노를 부인해서 주위로부터 고립되는 사람, 분노를 반전시켜서 자신에게 향해 자해 행위를 반복하거나 우울증 또는 심신증에 걸리는 사람, 비만으로 고민하는 사람은 그 대가를 본인이 치르고 있다. 가혹하지만 자신의 분노를 인정하지 않은 결과이므로 스스로 책임을 지는 수밖에 없다.

한편 억눌렀던 분노를 위장시켜서 몰래 분출하는 사람이 있다. 예를 들면 하고 싶지 않은 일을 억지로 떠맡았을 경우에 겉으로 드러내지 못하는 분노가 생각지도 않았던 실수나 실패라는 형태로 나타날 때가 있다. 좋아하지도 않는 상대와 억지로 결혼한 여성이 해야 할 집안일을 하지 않는 게으름이라는 형태로 분노를 표현하는 경우도 있다. 이런 형태로밖에 억눌린 분노를 드러낼 수가 없기 때문이다.

이런 분노 표출 방법을 정신 의학에서는 '수동적 공격Passive aggression'이라고 부른다. '수동적 공격'은 '적극적Active'으로 공격하는 것이 아니라 무엇인가를 '잊어버리기', '하지 않기', '꾸물대서 지연시키기' 같은 '소극적Passive'인 거절 태도를 통해 분노나 적의를 베일에 숨긴 채로 표현하는 수법이다. 교묘한 수동적 공격은 소리를 지르거나 난동을 부리거나 화내는 것보다 훨씬 깊은 상처를 상대에게 입히거나 상대를 곤란에 빠뜨릴 수 있다. 때로는 상대의 마음속에 불안감 또는 죄책감을 불러일으키거나 자존심에 상처를 주기도 하기 때문에 매우 위험하다.

당신도 어쩌면 수동적 공격을 받아서 곤란해졌던 적이 있을지도 모른다. 상대가 약속을 깜빡한 탓에 몇 시간씩 기다린 적은 없었는가? 아니면 직장 동료가 서류 작성을 꾸물댄 탓에 당신이 밤을 새워서 마감 기한에 맞췄던 적은 없는가? 이런 일을 당하더라도 최소한 표면적으로는 상대가 격렬한 분노나 적의를 품고 있는지 알 수가 없다. 수동적 공격의 표적이 되더라도 처음에는 '에이 설마…… 기분 탓이겠지.'라고 생각할 것이다. 부주의 때문에 터무니없는 실수를 저지른 것에 불과한지 아니면 숨겨진 분노가 수동적 공격의 형태로 나타난 것인지 판단하기 어려운 그레이존Gray zone일 경우가 많기 때문이다. 그런 까닭에 소리 없이 다가오는 분노나 적의를 발견하기는 쉽지 않다. 수동적 공격이 계속 반복되어 마음이 심란해졌을 때 비로소 깨닫게 된다.

게다가 수동적 공격을 반복하는 당사자가 자신의 분노나 적의를 깨닫지 못할 때도 적지 않다. 설령 깨닫고 있더라도 교묘한 말로 회피한다. "깜빡했을 뿐.", "일하는 속도가 느릴 뿐"이라는 것이 그들의 핑계다. 비난을 회피하는 솜씨도 뛰어난다. 당신이 짜증이 나서 뭐라고 하면 그들은 "그럴 생각은 없었어.", "악의가 있어서 그런 건 아니야.", "그런 일로 화내다니, 너무 과민한 거 아니야?"라고 받아칠 것이다. 그런 탓에 어떻게 대처해야 할지 알 수가 없어 곤혹스러울 터이다.

자신의 마음속에 숨어 있는 분노를 인정하지 못하고 억눌러 놓는 사람일수록 이런 수동적 공격을 반복하는 경향이 있다.

분노로부터
살짝 거리 두는 법

지금부터는 실생활에서 분노로부터 거리를 두기 위한 대처법을 설명하겠다.

① 회피한다.

② 긍정적으로 바라본다.

③ 다른 사람에게 이야기한다.

이 세 가지 방법을 들 수 있는데, 지금까지 계속 이야기했듯이 분노는 어떤 문제가 있음을 스스로에게 알려주는 소중한 신호다. 그러므로 이런 방법들로 문제를 해결할 수 있는 것은 아니라는 사실만큼은 기억해 두기 바란다.

분노와 마주하기를 계속 회피하면 결국 몸과 마음에 어떤 증상으로 나타나게 된다. 어디까지나 일시적인 대처법이라고 생각하며 사용히기 바란다.

– 대처법①
회피한다

불쾌한 감정의 원인이 된 상대방이나 그 문제에 대해 아무것도 할 수 없을 경우, 혹은 이것저것 해결책을 궁리해 봤지만 하나같이 실현하기가 어려울 것 같다거나 그다지 도움이 될 것 같지 않을 경우에는 분노, 슬픔, 두려움 등의 감정을 유발할지도 모르는 장소나 모임, 대인관계를 최대한 피하도록 한다.

더 이상 불쾌한 감정을 느끼지 않음으로써 자신의 몸을 지키기 위해 자신도 모르는 사이에 도피해 버리는 것이기에 심리학에서는 '회피'라고 부른다.

● 장점: 업무가 정체되어서 전혀 진전이 없다거나 아무리 공부를 해도 이해할 수가 없을 때, 불안감을 달래기 위해 영화를 보러 가거나 친구와 만나는 경우도 있을 것이다. 그런 식으로 문제와 조금 거리를 두면 다른 시각에서 바라볼 수 있게 되어 문제를 해결할 방법을 찾을 수 있다.

● 단점: 일시적으로 기분이 안정되기는 하지만 장기적인 관점에서 보면 분노, 슬픔, 두려움 등의 감정이 만성화되어 지속될 우려가 있다. 감정을 억누르려고 한 결과 오히려 그 감정에 시달리게 되는 등, 감정이 지속되는 사이에 여러 가지 폐해가 나타난다.

● 구체적인 예: 열애 끝에 애인에게 차였다. 무엇을 하든 애인과의 추억이 떠올라서 눈물이 멈추지 않는다. 얼마 전에 친한 친구가 결혼한다는 이야기를 들었지만 도무지 기뻐할 수가 없다. 지금은 "일이 바빠서…….", "몸 상태가 좋지 않아서……." 같은 핑계를 대며 그 친구와 만

나지 않고 있는데, 그런 뒤로 마음이 평온해졌다.

– 대처법②
긍정적으로 바라본다

분노, 슬픔, 두려움 등의 불쾌한 감정을 품고 있을 때는 부정적인 측면만 보이기 마련이다. 의도적으로 긍정적인 부분에 집중하는 것도 효과적이다.

"그 사람이 그렇게 엄격한 것은 악의가 있어서가 아니라 나를 강하게 단련시키려고 하기 때문이야.", "그 사람이 내게 인사하지 않는 건 오히려 좋은 일이야. 그런 짜증 나는 사람과 말을 섞지 않아도 되잖아?" 같은 식으로 해석한다.

● 장점: 긍정적인 시각에서 바라보면 부정적인 감정과 거리를 둘 수 있게 된다. '나는 이런 감정을 품고 있었기 때문에 이런 식으로 생각했던 것이구나.'라든가 '이 감정 때문에 주위 사람들을 이런 식으로 보고 있었구나.'라는 식으로 조금은 냉정하게 자신을 바라볼 수 있게 된다.

● 단점: 이것은 "모든 일이 잘 풀리고 있어. 전부 잘 풀리고 있어."라고 자신에게 말하는 것이다. 일종의 세뇌를 함으로써 불쾌한 감정을 좋은 것이라고 생각하게 만드는 것이다. 요컨대 마약과 같은 것이기 때문에 솔직히 말하면 이 방법에 계속 의지하는 것을 별로 권하지 않는다. 이 방법을 지나치게 사용하면 진실이 보이지 않게 된다.

● 구체적인 예: 항상 태도가 거만하고 자기 자랑만 늘어놓으면서 다른 사람의 제안에는 트집을 잡지 못해 안달인 동료가 꼴 보기 싫어 견딜 수가 없었다. 회의를 아무리 해도 그 동료 때문에 좀처럼 결론이 나지 않는다. 그러던 어느 날, 나는 그 동료가 자신에게 자신감이 없는 탓에 자신의 존재감을 과시하고 타인을 지배하고자 그렇게 행동하는 것이라고 생각하기로 했다. 그렇게 그를 불쌍한 눈으로 바라보게 되면서 짜증을 내는 일도, 분노를 느끼는 횟수도 크게 줄어들었다.

– 대처법③
다른 사람에게 이야기한다

스스로 어떤 식으로 분노를 느끼고 있는지 다른 누군가에게 이야기해 보는 것도 한 가지 방법이다. 그러면 적어도 불쾌한 감정이나 그 감정의 원인이 된 문제와 홀로 마주하지 않을 수 있다.

● 장점: 누군가에게 이야기하기만 해도 조금은 마음이 편해질 것이다. 조언을 받지 못하더라도 이야기를 하는 사이에 무엇이 문제인지 명확히 보이면서 구체적인 해결책이 떠오르기도 한다. 부정적인 감정을 안심하고 이야기할 수 있는 인간관계를 평소에 쌓아 놓는 것이 중요함은 두말할 필요도 없다.

● 난섬: 부정적인 감정을 겉으로 드러내면 상대가 자신에게 혐오감을 느껴서 관계가 불편해지지 않을까 하는 두려움을 극복할 용기가 필요하다. 그러나 분노의 감정은 누구나 지니고 있는 것이므로 두려워할 필요는 없다. 다만 한 사람에게 너무 자주 이야기하면 상대도 짜증낼 수 있다.

● 구체적인 예: 애인을 만날 때마다 "우리 대체 언제 결혼할 거야?"라는 불만이나 "지금 바람피우고 있지!"라는 분노를 터트리고 싶으면서도 그랬다가 싸움이 커지지 않을까, 헤어지자고 하지 않을까 두려워 아무 말도 못 하는 데 스트레스를 느끼고 있었다. 이런 이야기를 다른 사람에게라도 하고 싶었지만 불편해 할 것 같아서 참았는데, 어느 날 도저히

참지 못하고 친구에게 불만을 털어놓았더니 진지하게 들어줘서 마음이 많이 편해졌다.

이런 방법들을 사용해서 설령 일시적이라도 분노로부터 거리를 두면 마음이 상당히 편해짐을 느낄 것이다. 힘을 축적해 다시 분노의 원인에 맞서면 된다.

엉뚱한 사람 잡지 말고,
해결할 수 있는 사람에게 화내자

　'분노로부터 거리를 두는' 것과는 다르지만, 분노의 원인을 만든 당사자에게 분노를 표명한들 해결이 안 되는 경우 또한 있다. 그럴 때는 문제를 해결할 수 있는 위치의 사람과 의논함으로써 분노의 원인을 근본부터 해결할 수가 있다.

　한 30대 남성은 영업직으로서 대리점의 K씨와 함께 일을 했는데, 업무 처리 속도가 너무 느려서 우선순위까지 가르쳐줘도 개선될 기미가 보이지 않는 K씨에게 분노를 느끼고 있었다. 그래서 K씨의 상사를 만나 의논했고, 그 상사가 한 명을 추가로 투입해 준 덕분에 마침내 업무가 정상적으로 돌아가게 되었다고 한다. 이것은 문제를 해결할 수 있는 사람(=K씨의 상사)에게 분노를 표명한 결과 문제가 잘 해결된 예라고 할 수 있다.

그 밖에도 '권력을 이용해서 나를 괴롭히는 직장 상사의 횡포를 견디다 못해 인사부장을 찾아가서 직접 담판을 벌여 다른 부서로 이동했다.' 등, 당사자에게 직접 분노를 표명해도 별 소득이 없을 것 같을 때는 누구에게 분노를 표명할지 다시 생각해 보면 돌파구가 열릴지도 모른다.

아무리 해도
사람은 고쳐 쓸 수 없다

상담을 하다 보면 "그 사람을 바꾸고 싶어요!", "시어머니가 달라져야 한다고요!" 하고 말하는 사람들이 있다. 당신에게 분노를 유발시키는 사람들이 달라져야 한다고 생각하는 것이다.

사용하던 물건이 고장 나면 고치거나 새로운 물건을 사면 된다. 하지만 사람은 새로 살 수 없다. 더욱이 고쳐 쓸 수 없다. 예전에 TV를 보고 있는데 어떤 모델이 이런 말을 했다. "세상에서 가장 쉬운 일은 저를 바꾸는 일이에요." 그렇다. 우리는 다른 사람을 바꿀 수 없다. 바꾸려고 한다면 당신은 정말 많은 에너지를 쏟아야한다. 다른 사람을 바꾸려고 하지 말자. 사람은 그렇게 쉽게 변하지 않는다. 분노유발자들이 쉽게 달라질 수 있다면 당신이 이 책을 읽을 이유는 없을 것이다. 가장 쉬운 방법은 당신이 이 책에있는 결정적 한마디를 익혀서 분노유발자에게 전략적으로 화내는 것이다.

나는 꽤 괜찮은 사람이다
정말이다

대체적으로 상담을 오는 사람들은 정상적인 사람이 많다. 오히려 마음의 어딘가 아픈 분노유발자들이 상담을 받으러 와야 하는데, 그 사람들 때문에 피해를 입는 정상적인 사람들이 상담을 받으러 온다. 이 말은 곧 당신은 꽤 괜찮은 사람이라는 뜻이다.

당신에게 있는 어떤 요소들이 분노유발자를 화나게 했을 것이다. 당신이 가진 것일 수도 있고, 외모일 수도 있고 별거 아니라고생각했던 게 그 사람들에게는 약점이 되어 화났을 것이다.

당신은 꽤 괜찮은 사람이다. 자신을 먼저 사랑하라고 말하고 싶다. 화나서 부들부들 떨리는 상태가 되기 전에 그 분노를 전략적으로 제대로 표현하자. 그게 바로 자신을 사랑하는 일이다.

나는
행복할 권리가 있다

예전보다 정신건강의학과에 대한 편견이 많이 사라졌다고 느끼지만, 마음에 무엇인가 증상이 나타나거나 문제가 발생하면 부끄럽게 생각하지 말고 최대한 빨리 진찰을 받기 바란다. 마음의 증상이 아니라 '몸이 느끼는 분노'로서 몸에 증상이 나타나는 경우도 많기 때문에 진찰을 받으러 간 내과나 피부과에서 정신건강의학과에 가 볼 것을 권하는 경우도 있을 것이다.

가장 두려운 상황은 정신건강의학을 전공하지 않은 의사가 환자가 잠이 안 온다고 하니 적당히 수면제를 처방하거나 안일하게 항우울제를 처방해서 증상을 악화시키는 것이다. 이상하다 싶으면 병원을 바꿔 보는 등 당신도 주의하기 바란다. 무엇인가 증상이 나타나면 신뢰할 수 있는 병원을 찾아가자.

만약 진료한 흔적이 남을까 걱정이 된다면 집 근처의 심리상담

센터를 찾아가는 것을 추천한다. 그저 상담만 해주는 곳보다 정신 건강의학을 전공한 의사가 있는 센터를 찾길 바란다. (찾아보면 그리 멀지 않은 집 주변에 있을 것이다.)

당신은 행복할 권리가 있다. 신체가 아플 때 병원에 가는 것처럼, 마음이 아플 때도 병원에 가야하는 것이다. 이 책에 있는 전략을 사용하기 어려울 정도로 아플 때는 병원에 꼭 가길 바란다.

화만 잘 내도 내 인생은 달라진다

 "화에 관한 책을 써 주시지 않겠습니까?"라는 제안을 받았을 때, 내 뇌리에 제일 먼저 떠오른 사람은 어머니와 친할머니였다. 어머니가 교사였던 이유도 있어서 나를 임신했음을 안 부모님은 친할아버지, 친할머니와 같이 살게 되었는데, 어머니와 친할머니의 고부 갈등은 장난이 아니었다. 그 탓인지 친할머니는 툭하면 "환갑이 되면 절에 불공을 드리러 다니는 것이 꿈이었는데 손녀나 돌보며 살게 생겼구나."라고 불만을 터뜨렸고, 내게서 어머니를 닮은 측면을 발견할 때마다 욕을 하셨다. 지금 생각하면 명백한 심리적 학대였다.

어머니도 아이가 생기는 바람에 시어머니와 함께 산다는 선택을 할 수밖에 없게 되었고 그 결과 시어머니와의 갈등에 시달린 탓에 울분이 쌓여 있었는지, 갑자기 이유도 없이 화내는 일이 종종 있었다. 게다가 어머니에게는 나를 돌봐 달라고 친정에 부탁하기가 어려운 사정도 있었던 모양이다.

외할머니는 사실 계모였다. 다행히 외할머니는 마음씨가 고운 분이었다. 어렸을 적 나는 외할머니네 집에 가는 날을 항상 손꼽아 기다렸는데, 어느 날 외할머니가 사실은 어머니의 계모라는 이야기를 친할머니에게 들었다. 당시 만화나 드라마에서 본 고약한 이미지의 계모밖에 몰랐던 나는 '그 마음씨 좋은 할머니가…….'라는 생각에 충격을 받았고, 그 뒤로는 전처럼 순수한 눈으로 외할머니를 바라볼 수 없게 되었다.

부모님이 '굳이' 딸에게 숨기고 있었던 사실을 친할머니가 폭로한 것은 내가 외할머니를 좋아하고 따랐던 것에 대한 선망 때문일지도 모른다. 그것도 아니면 미운 며느리를 깎아내리기 위해서라면 무엇이든 한다는 친할머니의 고약한 성질이 나타난 것일 수도 있다.

나는 어렸을 때부터 친할머니의 잔혹함에 시달려 왔다. 내게는 여동생밖에 없었기 때문에 친할머니가 가문을 이을 아들을 낳지 못했다며 어머니를 책망할 때도 있었는데, 옆에서 그 이야기를 듣고 '나는 태어나서는 안 되는 아이였나?'라고 느꼈었다.

어머니도 시어머니에게 한 방 먹이려면 딸을 성공시키는 수밖에 없다고 생각하셨는지 교육열이 남달랐고, 내가 당신이 가장 좋다고 믿는 길을 걷게 만들려 하셨다. 내 장래희망 따위는 안중에도 없었다. 대학에 진학할 때, 장래에 작가나 기자가 되기를 꿈꿨던 나는 문학부로 진학하고 싶었다. 그러나 나를 의사로 만들고 싶어 하셨던 어머니는 내 꿈을 절대 허락해 주지 않으셨다. 결국 의학부에 입학함으로써 '어머니의 욕망'을 충족시켜 드리는 수밖에 없었다.

몰리에르의 희곡처럼 '싫으면서도 의사가 되어'라는 느낌이어서 젊었을 때는 고민도 많았지만, 어머니는 그런 내 고민을 전혀 눈치를 채지 못한 채 "전부 다 너를 생각해서 그러는 거란다."라고 입버릇처럼 말씀하셨다. 그런 이유로 내 마음속에는 어머니와 친할머니에 대한 분노가 계속 남아있다. 친할머니가 돌아가신 지도 20년이 넘었지만, 지금도 어렸을 때 친할머니에게 들은 폭언이 귓가에 맴돌아 흠칫할 때가 있다.

2014년 4월에 메릴 스트립과 줄리아 로버츠가 처음으로 호흡을 맞춘 영화 〈어거스트: 가족의 초상〉의 홍보를 겸해서 '어머니와 딸의 갈등'에 관한 강연을 할 기회가 있었다. 많은 여성이 강연을 들으러 모였고, 그중에는 "친정에 가려고 하면 두드러기가 나요."라든가 "어머니와 전화 통화를 하고 나면 잠을 이룰 수가 없어요."라는 자신의 경험을 이야기해준 사람도 있었다. 어머니와의 갈등에 고민하고 분노를 느끼면서도 그 분노를 제대로 전하지 못하는 사람이 적지 않음을 새삼 실감할 수 있는 자리였다.

이처럼 설령 사랑하는 존재인 가족이라 해도 분노를 느끼는 경우가 있다는 사실을 외면하지 말고 자신의 감정과 똑바로 마주할 필요가 있다. 생판 남이라면 어쩔 수 없다고 포기할 수도 있겠지만, 가족의 경우는 사랑하기에 더더욱 화가 날 때도 있다. 물론 용서하려고 노력하는 것은 중요하다. 상대방도 고뇌나 불행을 등에 지고 있어서 그러는 수밖에 없었을지도 모르기 때문이다.

그럼에도 분노를 도저히 억누를 수 없는 경우 또한 있을 것이다. 그럴 때는 무리하게 억누르며 '좋은 사람'이 되려고 하지 말고 분노나 적의, 증오나 원망을 전부 당신의 감정으로 받아들이기 바란다. 과거도 타인도 내 힘으로는 바꿀 수 없지만, 당신을 고민케 하는 분노는 어떻게 전략적으로 나타내느냐에 따라 당신의 인생을 좋은 방향으로 바꿔 놓을 수 있다.

'행복이야말로 최고의 복수'이니 분노를 적절하게 전함으로써 한 걸음이라도 앞으로 나아가기 바란다.

이 책을 간행하면서 신초사의 군지 유코 씨와 가와바타 유코 씨에게 많은 도움을 받았다. 진심으로 감사의 인사를 전한다.

옮긴이 김정환

건국대학교 토목공학과를 졸업하고 일본외국어전문학교 일한통번역과를 수료했다. 21세기가 시작되던 해에 우연히 서점에서 발견한 책 한 권에 흥미를 느끼고 번역의 세계를 발을 들여, 현재 번역 에이전시 엔터스코리아 출판기획 및 일본어 전문 번역가로 활동하고 있다.

경력이 쌓일수록 번역의 오묘함과 어려움을 느끼면서 항상 다음 책에서는 더 나은 번역, 자신에게 부끄럽지 않은 번역을 할 수 있도록 노력 중이다. 공대 출신의 번역가로서 공대의 특징인 논리성을 살리면서 번역에 필요한 문과의 감성을 접목하는 것이 목표다. 야구를 좋아해 한때 imbcsports.com에서 일본 야구 칼럼을 연재하기도 했다.

번역 도서로는 《회사개조》《이익을 내는 사장들의 12가지 특징》《손정의, 열정을 현실로 만드는 힘!》《회사는 어떻게 강해지는가》《세상에서 가장 쉬운 매니지먼트 교과서》《구글을 움직이는 10가지 황금률》《스티브잡스 업무의 기술 45》외 다수가 있다.

그때 이렇게 화냈어야 했는데!

초판 1쇄 발행 2020년 3월 31일

지은이 가타다 다마미
펴낸이 정덕식, 김재현
펴낸곳 (주)센시오

출판등록 2009년 10월 14일 제300-2009-126호
주소 서울특별시 마포구 성암로 189, 1711호
전화 02-734-0981
팩스 02-333-0081
메일 sensio0981@gmail.com

책임편집 심미정
편집 이미순
경영지원 김미라
홍보마케팅 이종문, 한동우
디자인 Design J

ISBN 979-11-90356-27-5 03190